Hans-Jürgen Becker · F/A-18 Hornet

Hans-Jürgen Becker

F/A-18 HORNET

Motorbuch Verlag Stuttgart

Einbandgestaltung: Johann Walentek unter Verwendung eines Dias der NASA.

Herausgeber: Mike Riedner.

Flugzeuge
die Geschichte machten

**Eine Buchreihe im Motorbuch Verlag Stuttgart
Bisher in dieser Reihe erschienen: Concorde, Junkers Ju 52, Douglas DC-3, Starfighter F-104,
Boeing 747, Dornier Wal, de Havilland Comet.
Weitere Bände in Vorbereitung.**

ISBN 3-613-01576-5
1. Auflage 1994.
Copyright © by Motorbuch Verlag, Postfach 10 37 43, 70032 Stuttgart.
Ein Unternehmen der Paul Pietsch-Verlage GmbH & Co.
Sämtliche Rechte der Speicherung, Vervielfältigung und Verbreitung sind vorbehalten.
Satz: Vaihinger Satz + Druck, 71665 Vaihingen an der Enz.
Reproduktion: Repro Schmid, 70469 Stuttgart.
Druck: Gulde-Druck GmbH, 72005 Tübingen.
Bindung: E. Riethmüller, 70032 Stuttgart.
Printed in Germany

Inhalt

Freedom-Fighter und Talon

Northrops Erfolgskonzept

Der Gedanke, ein Jagdflugzeug mit kleinen Abmessungen, geringen Massen und einem relativ schwachen Antrieb zu bauen, das leistungsmäßig dem »normalen« Jäger gleichkommt, jedoch in der Anschaffung wesentlich preiswerter ist, zieht sich wie ein roter Faden durch die Entwicklung des Jagdflugzeugbaus. In diesem Buch ist es aus Platzgründen natürlich nicht möglich, auf alle Leichtbau-Jäger einzugehen, doch immerhin können am Beispiel des sowjetischen Konstruktionsbüros Jakowlew sowie anhand der britischen Folland »Gnat« die typischen Vertreter dieser Gattung vorgestellt werden, um anschließend die

Als zweisitziger Trainer trug die Jak-17 die Zusatzbezeichnung UTI.

unmittelbaren Vorgänger der »Hornet« – die Northrop T–38/F–5 Serie – ausführlich darzustellen.

Im Februar 1945, also drei Monate vor dem Ende des Zweiten Weltkriegs, traf Alexander Sergewich Jakowlew – einer der bedeutendsten Jagdflugzeug-Konstrukteure der Sowjet-Union – in Moskau ein, um an einer Konferenz mit Josef Stalin teilzunehmen. Die Aufgabe, die der Kreml-Chef Jakowlew übertrug, war schnell formuliert, es ging um den Bau eines strahlgetriebenen Jagdflugzeuges, das als Antrieb ein deutsches Beute-Triebwerk vom Typ Jumo 004 verwenden sollte. Um möglichst rasch zu einem Ergebnis zu kommen, entschloß sich das Konstruktionsbüro, die Zelle des Kolbenmotor-Jagdflugzeuges Jak-3 für den neuen Zweck zu adaptieren. In nur wenigen Monaten entstand mit der Jak-15 ein neuer Jäger, dessen Abfluggewicht mit 2635 Kilogramm deutlich unterhalb vergleichbarer westlicher Jets lag. Mehr oder weniger unfreiwillig hatte Jakowlew den Weg zu einem sehr leichten Jagdflugzeug beschritten, den er in den folgenden Jahren mit den Mustern Jak-17, Jak-19 und Jak-23 »Flora« fortsetzte.

Ebenso wie bei der Jak-15 befand sich auch bei der Anfang 1947 eingeflogenen Jak-17 das Triebwerk im Rumpfbug. Der Austritt lag ebenfalls hinter der Tragflächenhinterkante unter dem Rumpf, der sich ab hier verjüngte. Es gelangte ein konventionelles Leitwerk zum Einbau. Während die Jak-15, von der rund 280 Exemplare gebaut wurden, noch über ein Spornrad verfügte, besaß die Jak-17 ein Bugrad, das wie auch das Hauptfahrwerk einfach bereift war.

Ausgestattet mit einem RD-10 Turbinen-Luftstrahl-Triebwerk (TL) der Leistungsklasse 1000 kp erreichte der Jäger eine Höchstgeschwindigkeit von 750 km/h und ein maximales Abfluggewicht von 3,3 Tonnen. Im Vergleich dazu brachte es Kurt Tanks Kolbenmotorjäger Fw 190 D-14 aus dem Jahre 1944 auf 760 km/h und vier Tonnen.

Es lag auf der Hand, daß weder die Jak-15 noch ihr in 480 Stück gebauter Nachfolger Jak-17 die Militärs zufriedenstellen konnte. Auf der Suche nach leistungsstärkeren Alternativen begann bereits 1946 die Entwicklung der Jak-19, die sich durch einen durchgehenden Rumpf von fast gleichbleibendem Querschnitt und dem in der Rumpfmitte plazierten Triebwerk von den Vorgängern unterschied. Wenngleich der mit einem RD-10F Nachbrenner-Trieb-

werk (1100 kp Schub) ausgestattete Einsitzer bei einem Abfluggewicht von drei Tonnen bis zu 900 km/h in fünftausend Meter Flughöhe erreichte, konnte er sich letztlich nicht durchsetzen und man wandte sich der Jak-23 zu, die Mitte 1947 erstmals flog und von ihrer Auslegung her eine Rückkehr zur Entwicklungs-Philosophie der Jak-17 darstellte. Durch den Einbau eines kräftigen RD-500 (1590 kp Schub) verfügte das mit Flügelspitzen-Tanks bis zu 3384 Kilogramm schwere Muster über ausgezeichnete Steigleistungen. So war die Jak-23 in der Lage, die legendäre MiG-15 förmlich »stehenzulassen«. Ansonsten war sie jedoch dem Konkurrenz-Modell unterlegen, so daß nur 310 Flugzeuge entstanden. Obwohl die leichten Jakowlew-Jäger nicht die von den Militärs gewünschten hohen Leistungen

Die tschechische Typen-Kennung der Jak-17 laute-te S-100.

Der Rumpf der Jak-23
»Flora« ist weitgehend dem
Triebwerk angepaßt.

erbrachten und in der Planug der »Roten Luftwaffe« nur eine untergeordnete Rolle spielten, hatten sie auch positive Seiten aufzuweisen. So war es mit diesen Mustern möglich, die sowjetischen Flugzeugführer an die Besonderheiten des Strahlflugzeuges heranzuführen und auch eine Reihe von damals als Satelliten-Staaten bezeichnete Nationen wie Polen und die Tschechoslowakei mit preiswertem Fluggerät aus- und aufzurüsten.

Der Westen hatte zu diesem Zeitpunkt voll auf die Entwicklung ausgereifter Jagdflugzeuge gesetzt. In den USA, Großbritannien und Frankreich verließen zahlreiche neue Konstruktionen die Werkhallen, ohne daß sich die Ingenieure Beschränkungen hinsichtlich des Fluggewichtes auferlegten. Dies schien auch nicht erforderlich, da die Triebwerk-Industrie immer leistungsstärkere Triebwerke lieferte, die

ihrerseits die Flugzeuge immer größer, schwerer und teurer machten.

1950 jedoch beschloß die britische Firma Folland mit der Entwicklung der »Midge« (Mücke) diesem Trend entgegenzuwirken. Follands Chef-Konstrukteur W.E.W. Petter ließ sich bei der Auslegung seines Jets von den sowjetischen Flugzeugen inspirieren. Er vertrat die Ansicht, daß ein sehr kleines und leichtes Jagdflugzeug, ausgerüstet mit zwei Maschinenkanonen, als sogenannter Objektschützer wirkungsvoll gegen hoch anfliegende Bomber eingesetzt werden könnte. Die Reichweite spielte dabei nur eine untergeordnete Rolle.

Als der Prototyp des neuen Kampfflugzeuges am 11. August 1954 von Boscombe Down, Wiltshire, aus den Erstflug absolvierte, präsentierte sich den zahlreichen Zaungästen ein einstrahliger, gepfeilter Schulterdecker mit seitlichen Lufteinläufen, der mit einer Spannweite von 6,30 Metern, einer Länge von 8,46 Metern und einem Fluggewicht von 2222 Kilogramm seinen Namen zu Recht trug. Die anschließende Flugerprobung zeigte aber einige Mängel auf, die zu einer Überarbeitung, einer geringen Vergrößerung und dem neuen Namen »Gnat« (Stechmücke) führten. In dieser Form nahm das Flugzeug elf Monate später, am 18. Juli 1955 die Flugversuche auf. Das Muster wartete zwar mit sehr guten Flugeigenschaften auf, jedoch zeigte die Royal Air Force nur geringes Interesse. Neben der Fertigung von 45 Jagdflugzeugen – von denen einige an Jugoslawien und Finnland gingen – konnten noch 105 Trainer unter der Kennung »Gnat« T Mk.1 gefertigt werden. Außerdem entstanden in Indien bei HAL 236 Maschinen unter dem Namen »Ajeet« (unbesiegbar). Die Beispiele aus der Sowjet-Union und Großbritannien zeigen, daß die Militärs völlig andere Vorstellungen von einem Jagdflugzeug besaßen als dies bei einigen Konstrukteuren der Fall war. Dies wurde anläßlich einer 1954 von der amerikanischen Firma Northrop in Europa und Asien durchgeführten

Der Prototyp der Folland Fo-141 »Gnat«.

Eine T–38 im typischen weißen Anstrich der Sechziger.

Diese, zum 64th FWS gehörende, T–38 weist einen aus zwei Grau-Tönen bestehenden Sichtschutz-Anstrich auf.

Umfrage mehr als deutlich. Die Luftstreitkräfte befreundeter Nationen erwarteten von den USA im Rahmen des militärischen Hilfsprogramms »Military Assistance Programm« (MAP) die Lieferung eines preiswerten, aber dennoch leistungsstarken Jets, der die in Überalterung begriffenen Typen F-84 und F-86 ablösen sollte.

Leistungsstark bedeutete in diesem Fall Überschall-Geschwindigkeit. Im Zeichen der »Mach-1-Fighter« North American F-100 »Super Sabre«, der Mikojan-Gurewitsch MiG-19 und der sich mit der Lockheed F-104 »Starfighter« abzeichnenden Möglichkeit, in den Bereich von Mach 2 vorzustoßen, war bei den Planern der Luftstreitkräfte verschiedener Länder mit einem Unterschall-Flugzeug kein Blumentopf mehr zu gewinnen.

Der Korea-Konflikt und der Kalte Krieg zwischen Ost und West ließ in den fünfziger Jahren die Rüstungs-Spirale immer schneller drehen. Jede Neuentwicklung eines Kampfflugzeuges auf der einen Seite zog

den Bau einer möglichst noch besseren Militärmaschine auf der anderen Seite nach sich, so daß der damalige Wunsch nach Hochleistungs-Kampfflugzeugen verständlich wird.

Northrops Chef-Konstrukteur Welko E. Gasich befaßte sich bereits seit 1952 mit einem neuen Jagdflugzeug unter der Projektbezeichnung »Fang«, das von seinem Erscheinungsbild her der späteren General Dynamics F-16 entsprach. Nach und nach entstanden Ableitungen aus dem Basis-Konzept, bis 1954 der »Tally Ho«-Fighter entstand, bei dem erstmals an den Einbau von zwei leichten TL-Triebwerken von General Electric gedacht war. Es handelte sich dabei um das J85, das von Hause aus als Lenkkörper-Antrieb entwickelt worden war und das bei einem Einbaugewicht von rund 250 Kilogramm in der Version J85–5 einen Nachbrennerschub von knapp 1700 kp offerierte.

Unter der Northrop-Bezeichnung N-156 wurde der zweistrahlige Jet der US Navy angeboten, die ihre leichten Flugzeugträger – die sogenannten »Jeep-Carrier« – mit diesem Flugzeug ausrüsten sollten.

Nachdem die US Navy diese Träger-Gattung jedoch einmottete, war dem Bau des Flugzeuges die Grundlage entzogen.

In dieser Situation, im Jahre 1955, legte die US Air Force die Spezifikation GOR SS-420L (General Operational Requirement), die den Bau eines Überschall-Trainers forderte, vor. Angesichts der immer schnelleren Serienflugzeuge erschien der Sprung vom Unterschall-Standard-Trainer Lockheed T–33 auf Einsatzflugzeuge wie der Mach 2 Jäger Lockheed F-104 »Starfighter« zu groß. Bei der US Air Force vertrat man die Ansicht, daß die Flugzeugführer schrittweise an die Doppelschall-Muster herangeführt werden sollten.

Von einem neuen Trainer erwartete die US Air Force neben der hohen Geschwindigkeit auch sehr gute Flugeigenschaften, hohe Zuverlässigkeit und einfache Wartung. Darüber hinaus mußten die Anschaffungs- und Betriebskosten so niedrig wie möglich liegen.

Northrop griff die Ausschreibung sofort auf und Gasich leitete aus der einsitzigen N-156 die zweisitzige N-156T ab, wobei T in diesem Fall für Trainer steht. Was sich auf dem Papier so einfach liest, stellte in Wirklichkeit höchste Anforderungen an die Projekt-Ingenieure, die sich zunächst damit befaßten, zahlreiche Unfallberichte von Trainingsflügen zu studieren, um so typische Fehlerquellen weitgehend auszuschalten. Das Northrop hier gute Arbeit geleistet hat, beweist die Unfall-Statistik des später als T−38 »Talon« bezeichneten Schulflugzeuges. Mit 2,2 Unfällen bei hunderttausend Flugstunden gehört die T−38 mit Abstand zu den sichersten USAF-Maschinen.

Das erste von zwei Vorserienflugzeugen der Baureihe YT−38 rollte am 15. August 1958 aus der Northrop-Werkhalle in Hawthorne, Kalifornien, um ab 10. April 1959 unter der Führung von Lew Nelson in die Flugerprobung zu gehen, die ohne nennenswerte Zwischenfälle verlief. Triebwerkseitig verfügten die YT−38 über Vorserientriebwerke vom Typ YJ85-GE-1 die noch nicht mit Nachbrennern ausgerüstet waren und lediglich 950 kp Schub lieferten.

Nach einer rund zweitausend Flugstunden umfassenden Erprobungsphase übernahm am 17. März 1961 das »Air Training Command« der US Air Force die ersten Serienflugzeuge, die sich im wesentlichen durch den Einbau des J85-GE-5 von den Vorserienmaschinen unterscheiden.

Im Laufe der Jahre entstanden 1187 »Talons«, die wegen ihres überwiegend weißen Anstrichs innerhalb der US Air Force den Spitznamen »White Rokkets« erhielten. Der zweistrahlige Tiefdecker weist einen relativ spitzen und flachen Rumpfbug, der dem vorne unter einer einteiligen Haube sitzenden Flugschüler gute Sichtverhältnisse bietet, auf. Auch der hinten plazierte Fluglehrer verfügt über ein entsprechendes Kabinendach. Der Rumpf ist nach der

Eine kanadische F-5 mit »Aufklärer-Nase« und Betankungs-Stutzen.

Flächenregel im mittleren Bereich eingeschnürt und weist die typische Colaflaschen-Form auf. Im Rumpfheck sind die beiden TL-Triebwerke nebeneinander angeordnet. Die Luftversorgung erfolgt über an den Rumpfseiten angeordnete Kanäle.

Unter dem Rumpf befinden sich zwei Luftbremsen, die nach vorne ausgeschwenkt werden. Da das Muster konstruktionsseitig für den Einsatz von kurzen, unbefestigten Pisten ausgelegt ist, konnte auf einen Bremsschirm verzichtet werden. Der dünnprofilige Tragflügel (relative Dicke 4,8 Prozent) kann als Hybrid-Flügel, also die Kombination von Delta- und Pfeilflügel, angesehen werden. Er verfügt über Landeklappen und kurze Querruder, die trotz ihrer geringen Flächengröße äußerst effektiv sind und es ermöglichen, das Flugzeug nur mit einem Querruder sicher zu fliegen und zu landen.

Das Seitenleitwerk weist eine Dreiecksform mit abgeschnittener Spitze auf, während das tief an das Heck gesetzte Höhenleitwerk eine dem Tragwerk

NF-5A, die geöffneten Inspektionsklappen geben den Blick auf die M.39 Bordkanone frei.

3300 m in 35,6 Sekunden;
6000 m in 51,4 Sekunden;
9000 m in 64,7 Sekunden;
12000 m in 95,7 Sekunden.

Innerhalb des Serienbaus – der sich bis in das Jahr 1972 erstreckte – entstand nur die Baureihe T–38A, die innerhalb der Fertigung ständig verbessert wurde. Einige Flugzeuge baute man später als »Drohnen« zur Zieldarstellung unter der Bezeichnung QT–38A um. Die mit Waffenstationen ausgerüstete AT–38 blieb ein Einzelstück. Derzeit verfügen die Amerikaner über rund achthundert »Talons«, die durch diverse Modifikationen im Bereich der Zelle und Avionik verjüngt wurden.

Neben den USA übernahmen nur noch Portugal und Deutschland die T–38. Die Luftwaffe schulte ihre »Starfighter«-Piloten in den USA auf dem Muster, wobei die Flugzeuge eine Kennung der US Air Force trugen. Exakt 46 T–38 standen im Dienst der Luftwaffe. Bei 130 Flugstunden, die ein angehender F-104-»Driver« auf der T–38 zu absolvieren hatte, lernten die deutschen Flugzeugführer alle Vorzüge dieses einmaligen Trainers kennen und lieben.

Mit der T–38 »Talon« gelang es erstmalig nach dem Zweiten Weltkrieg ein Flugzeug zu entwickeln, das alle Merkmale eines »leichten Hochleistungs-Jagdflugzeuges« auf sich vereinigen konnte. Endlich verfügten die Militärs über ein Fluggerät, das nicht mehr mit den Mangelerscheinungen früherer Leichtbau-Jäger, sprich geringe Geschwindigkeit, Reichweite und Kampfmittel-Zuladung, behaftet war.

Demzufolge erhielt Northrop bereits 1958 vom US Verteidigungsministerium grünes Licht für den Bau einer einsitzigen Jagdflugzeug-Variante, die firmenintern als N-156F Freedom Fighter und offiziell als F-5 geführt wurde.

Gegenüber der T–38 waren eine Reihe von Änderungen erforderlich. Der Einbau einer aus zwei 20 mm MG des Typs M-39 bestehenden Bewaffnung, die Installation zusätzlicher Avionik und der

ähnliche Planform aufweist. Alle Ruder sind kraftgesteuert.

Das Dreibein-Fahrwerk wird hydraulisch betätigt. Das steuerbare Bugrad fährt nach vorne ein, während die ebenfalls einfach bereiften Haupteinheiten von außen nach innen einschwenken, so daß die Räder in der Rumpfunterseite liegen.

Das Flugzeug, das über ein Leer- und Abfluggewicht von lediglich 3170 beziehungsweise 4970 Kilogramm verfügt, eine Spannweite von 7,69 Meter, eine Länge von 13,46 Meter und eine Flügelfläche von 15,79 Quadratmeter aufweist, kann mit beeindruckenden Leistungen aufwarten.

Die beiden J85-GE-5 (2×1655 kp mit Nachverbrennung) verleihen dem Muster eine Höchstgeschwindigkeit von 1490 km/h (Mach 1,35) in 10670 m. Die Gipfelhöhe liegt bei 16760 Metern, die Reichweite bei zweitausend Kilometern.

Im Februar 1962 stellte eine »Talon« folgende Steigrekorde auf:

Anbau von Außenstationen für die Mitführung von Waffen und Lasten bedingten einen Anstieg des Fluggewichtes. Folgerichtig gelangte mit dem J85-GE-13 ein stärkeres Triebwerk (1850 kp) zum Einbau, das allerdings einen höheren Luftdurchsatz aufwies, so daß die Lufteinläufe modifiziert werden mußten. Damit trotz der höheren Massen die Flächenbelastung nicht allzusehr anstieg, entschlossen sich die Ingenieure zu einer Vergrößerung der Flügelfläche und Änderungen des Klappensystems. Dies geschah zum einen durch die Verwendung einer Nasenklappe und zum anderen durch das Einfügen einer zusätzlichen Fläche zwischen Flügelvorderkante und Lufteinlauf. Dieses Konstruktionsmerkmal wurde später zur »leading-edge root extension« weiterentwickelt und zu einem Markenzeichen der »Hornet«.

Der Einbau eines Fanghakens und eines Bremsschirmes, der hinter dem Leitwerk oberhalb der Schubrohre untergebracht war, trug den gestiegenen Gewichten ebenfalls Rechnung. Ein weiteres Unterscheidungsmerkmal zur T–38 bildet der Rumpfbug, der durch den Ausbau des vorderen Sitzes eine neue Kontur aufweist.

Die spanischen Luftstreitkräfte bezeichnen ihre F-5 Aufklärer als CR.9.

erstes Exemplar im Oktober 1963 zum Jungfernflug startete. Parallel zum Einsitzer hatte Northrop noch eine zweisitzige Variante entwickelt, die im Gegensatz zur T–38 voll kampftauglich ist, die Bezeichnung F-5B trägt und am 24. Februar 1964 ihr Debüt gab.

Nachdem der Iran am 1. Februar 1965 als erste befreundete Nation mit dreizehn F-5 ausgerüstet wurde, folgten schon bald National China, Griechenland, die Philippinen, Süd-Korea und die Türkei.

1966 schlossen sich mit Äthiopien, Marokko und Thailand weitere Länder an und 1967/68 übernahmen die Republik Vietnam und auch Libyen das Flugzeug.

Zu den weiteren Betreibern zählten die Niederlande, Spanien und Kanada. Bei Canadair lief 1968 die Lizenzfertigung der ein- und zweisitzigen Versionen an. Sie erhielten die Typenbezeichnungen CF-5A und CF-5D.

Die Unterschiede zu den US-Mustern waren auffällig. Abwerfbare Außenträger unter den Tragflügeln gehörten ebenso so zu den kampfkraftsteigernden Maßnahmen wie die Möglichkeit, an der rechten Rumpfseite einen Luftbetankungsstutzen mitführen zu können. Außerdem ließ sich der Rumpfbug binnen kurzer Zeit gegen einen Aufklärer-Bug austauschen, der mit drei 70-mm-Kameras der Firma Vinten bestückt war.

Weitere Änderungen betrafen Verbesserungen des Visiers, der Anti-Eis-Anlage sowie eine Verstärkung der Windschutzscheibe. Triebwerkseitig gelangte das J85-GE-15 (1950 kp) zum Einbau, das in Kanada als J85-CAN-15 gefertigt wurde.

Das Federbein des Bugrades war in der Höhe verstellbar, dadurch konnte bei Bedarf eine Erhöhung des Anstellwinkels am Boden um drei Grad erfolgen, wodurch sich eine Reduzierung der Startrollstrecke um bis zu 23 Prozent ergab.

Canadair wurde auch die Produktion der für die

Nach dem »roll-out« der ersten, noch mit YJ85-GE-1 Triebwerken ausgerüsteten, F-5A im Mai 1959 und der ab 30. Juli des Jahres von der Edwards AFB (Air Force Base) aus durchgeführten Flugerprobung, in die schon kurz darauf zwei weitere Flugzeuge einbezogen werden konnten, wurde es um den »Freedom Fighter« ruhig. Northrop und General Electric, die zusammen rund fünfzig Millionen US-Dollar in die Entwicklung der F-5 gesteckt hatten, glaubten schon nicht mehr an den Erfolg der Maschine, als Präsident John F. Kennedy angesichts der Krisen um Berlin und Kuba im Jahre 1962 die Lieferung leistungsstarker Kampfflugzeuge an die Verbündeten der USA forderte.

Von nun an vollzog der Jet eine steile Aufwärtskurve: Im Laufe der nächsten Jahre konnte das Muster weltweit Fuß fassen und stand in insgesamt dreißig Ländern im Einsatz.

Die Serienproduktion begann mit der F-5A, deren

Niederlande bestimmten ein- und zweisitzigen NF-5A und NF-5B übertragen, die sich in einigen Punkten von ihren kanadischen Stallgefährten unterschieden. Modifikationen betrafen in erster Linie die Tragflächen, die neben dem Einbau von Manöver-Klappen strukturell verstärkt wurden, um so die Mitnahme von Flügeltanks zu ermöglichen. Ferner gelangten zusätzliche Avionik-Geräte – darunter ein Radar-Höhenmesser und ein UHF-Funkgerät für den Notfall – zum Einbau.

Zu den Besonderheiten der niederländischen Maschinen gehörten elektrisch betätigte Klappen, die sich im hinteren Bereich der Lufteinläufe befanden. Aufgabe dieser »doors« war es, den Triebwerken beim Start und bei Geschwindigkeiten unterhalb von 530 km/h zusätzlich Luft zuzuführen.

Insgesamt fertigte Canadair 240 F-5 der verschiedenen Baureihen. Darunter neunzehn Flugzeuge für Venezuela und 75 Einsitzer sowie dreißig Trainer für die Niederlande. Die Überführung der Flugzeuge erfolgte im übrigen auf dem Luftwege.

Die spanische CASA produzierte siebzig SF-5A und B, die bei den spanischen Streitkräften als C.9 beziehungsweise CE.9 geführt wurden. Ab Mitte 1968 war die einsitzige Aufklärer-Variante RF-5A verfügbar, in deren Rumpfbug vier KS-92 Kameras in verschiedenen Blickwinkeln installiert wurden. Weitere Einbauten betrafen vier Licht-Sensoren, ein Anti-Beschlag-System für die Kamerafenster sowie eine Klimaanlage für den Kamera-Schacht und dem bei dieser Variante vorhandenen Bordrechners. Auf Basis der RF-5A bauten die Spanier sechzehn ihrer SF zu SRF-5A Aufklärern um, die sie dann intern als CR.9 bezeichneten.

Die norwegischen Luftstreitkräfte übernahmen 78 Einsitzer, vierzehn Trainer und sechzehn Aufklärer. Während den Einsitzern zeitweise der Kennbuchstabe G an die Typenbezeichnung angehängt wurde, trugen die Doppelsitzer vorübergehend die Bezeichnung F-5T.

F-5E mit »Sidewinder«-Luft-Luft-Raketen.

Bei dieser norwegischen F-5A(G) fallen die mit Tarnfarben bemalten Zusatztanks auf.

Die »eingeschnürten« Flügelendtanks sind typisch für die Baureihen A und B.

Die F-5 wurde zwar im wesentlichen für den Export hergestellt, jedoch übernahmen auch die Amerikaner das Flugzeug, um es in vielfältiger Weise einzusetzen. Neben dem Training ausländischer Flugzeugführer begann 1965 die Ausrüstung des 4503rd TFS (Tactical Fighter Squadron) mit dem Muster, das noch im Oktober des Jahres nach Vietnam verlegte, um dort unter dem Kode-Namen »Operation Skoshi Tiger« aktiv in die Kämpfe einzugreifen. Die zwölf Flugzeuge waren durch eine Reihe von Modifikationen in die Lage versetzt worden, eine Vielzahl von Waffen mitführen zu können, wobei die Flugzeuge in der Regel bei einem Kampfradius von 333 Kilometern Abwurflasten bis zu einem Gewicht von 1360 Kilogramm einsetzten.

Die durchschnittliche Einsatzrate per Jet betrug 62,5 Stunden im Monat. Der anfängliche Wartungsaufwand von 11,9 Mannstunden je Flugstunde konnte innerhalb des Einsatztests auf 6,5 Mannstunden gesenkt werden.

Insgesamt flogen die F-5 mehr als 3500 Kampfeinsätze, bei denen über viertausend Flugstunden erreicht wurden und zwei Flugzeuge durch Bodenabwehr verlorengingen.

Infolge der erwähnten Änderungen – darunter der Anbau eines Luftbetankungsstutzens auf der linken Rumpfseite – führten die Maschinen zeitweise die Typenbezeichnung F-5C.

Angesichts der Einführung einer neuen Generation von MiG-21-Kampfflugzeugen zeichnete sich Ende der Sechziger ab, daß die Baureihen F-5A und B durch verbesserte Varianten abgelöst werden mußten. Bevor sich das US Verteidigungsministerium auf einen Nachfolger aus dem Hause Northrop festlegte, gab es unter dem Titel »International Fighter Aircraft« eine Ausschreibung heraus, an der sich Lockheed mit der CL-1200 »Lancer«, Vought mit der V–1000 und McDonnell Douglas mit einer abgespeckten F-4 »Phantom II« beteiligten.

Nach einem gründlichen, siebenmonatigem Studium der eingereichten Vorschläge erklärte das »Department of Defence« die Northrop F-5E »Tiger II« am 20. November 1970 zum Sieger des Wettbewerbes.

Ausschlaggebend für den Erfolg waren die erwarteten hohen Leistungen und die im Verhältnis zu den Mitbewerbern geringen Anschaffungskosten. Gegenüber der F-5A, die anfänglich mit 900 000 US-Dollar pro Stück kalkuliert wurde, lag der Preis der F-5E mit nunmehr 1,6 Millionen US-Dollar fast doppelt so hoch, wobei allein der Einbau einer umfangreichen Avionik-Ausrüstung mit 200 000 US-Dollar zu Buche schlug.

Das Programm machte gute Fortschritte. Nach dem »roll-out« der ersten F-5E, am 23. Juni 1972, startete Hank Chouteau am 11. August zum Jungfernflug, der problemlos verlief.

Hauptunterschiede zur Baureihe A ergaben sich durch den Einbau des J85-GE-21, das mit 2268 kp 22 Prozent mehr Schub abgab als das J85-GE-13.

Bei gleichem Durchmesser wies der Antrieb lediglich eine geringfügig größere Länge auf, und auch das Trockengewicht war nur um 33 Kilogramm angestiegen. Die neuen Triebwerke bedingten jedoch einige Änderungen der Zelle. So mußte der hintere Rumpfbereich um 38 Zentimeter verlängert und um 41 Zentimeter verbreitert werden. Dadurch entstand Platz für einen größeren Rumpftank, so daß das Kraftstoff-Volumen um 332 auf maximal 2491 Liter anstieg.

Außerdem zog der höhere Luftbedarf der J85 Änderungen der Lufteinläufe nach sich. Northrop hatte des weiteren alle als positiv eingestuften Details des Vorläufers übernommen. Von den Kanadiern stammte beispielsweise das verstellbare Bugrad. Den Fanghaken und die Möglichkeit, JATO-Startraketen anzubauen, übernahm man ebenso von den norwegischen Maschinen wie die Enteisungs-Anlage der Windschutzscheibe. Ferner wurden die zusätzlichen Luftkanal-Klappen sowie die Manöver-Klappen, die synchron mit den Nasen-Klappen gesteuert werden und den Fighter wesentlich manövrierfähiger machen, von den Baureihen NF-5A und B übernommen. Neben dem Erreichen höherer Anstellwinkel ist vor allem eine drastische Verbesserung der Wende-Rate augenscheinlich. Die F-5A weist in fünftausend Fuß (1524 Meter) Flughöhe eine maximale Rate von 15,9 Grad in der Sekunde auf, während es die F-5E auf 20,5 Grad bringt. Je nach Bedarf lassen sich die Klappen auf die Positionen »supersonic«, »cruise«, »maneuver« oder »full flaps« setzen. Während beim Überschallflug die Nasen- und Manöverklappen auf null Grad gesetzt sind, fährt beim Reiseflug die Manöverklappe auf acht Grad aus. In der Konfiguration »maneuver« sind zwei Stellungen möglich. Zum einen Zwölf-Grad- Nasen- und Acht-Grad- Manöverklappen, zum anderen 18-Grad-Nasen- und 16-Grad Manöverklappen. In der Position »full flaps« erreichen die Nasenklappen mit 24 Grad und die

Manöverklappen mit zwanzig Grad ihren größten Ausschlag.

Der Einsatz der Klappen optimiert im Zusammenspiel mit den stärkeren Triebwerken auch die Steigleistung, die sich bei einem Startgewicht von sechs Tonnen gegenüber der F-5A von 149,86 m/s auf 160,53 m/s verbessern ließ.

Die diversen Modifikationen sowie der Einbau zusätzlicher Avionik, zu der das 48 Kilogramm schwere Emerson AN/APQ-153 X-Band-Radar mit einer Reichweite von zwanzig Kilometern zählt, führten zu einem Anstieg der Massen, dem man mit einer Erhöhung der Flügelfläche von 15,79 auf 17,29 Quadratmeter begegnete. Neben der von 7,70 auf 8,14 Meter gestiegenen Spannweite kommt dabei der Vergrößerung der »leading root extension« besondere Bedeutung zu.

Waffenseitig behielt die F-5E die aus zwei M.39 Maschinenkanonen (je 280 Schuß) bestehende

Ansicht einer Schweizer F-5E.

Die US Navy erhielt drei F-5F Trainer.

eine zweisitzige Variante der »Tiger II« herauszubringen. Folgerichtig entstand mit der Baureihe F-5F ein entsprechendes Muster, das seinen Erstflug am 25. September 1974 absolvierte. Gegenüber dem Einsitzer weist der kampftaugliche Trainer einen um 1,22 Meter verlängerten Rumpf und eine auf eine Bordkanone reduzierte Bewaffnung auf.

Darüber hinaus wurden auch einige wenige Aufklärer unter der Bezeichnung RF-5E »TigerEye« abgeliefert. Nachdem ein Demonstrator, der aus einer umgebauten F-5E entstanden war, Anfang 1979 erstmals flog, konnte das erste von zwei für die Malaysische Luftwaffe bestimmten Flugzeugen am 15. Dezember 1982 vom Boden abheben.

Der um zwanzig Zentimeter verlängerte Rumpfbug des Aufklärers nimmt verschiedene Paletten mit unterschiedlichen Kameras und/oder Sensoren für die Tag- und Nacht-Aufklärung auf.

Die Produktion der F-5 Serie endete Anfang 1987. Bis zu diesem Zeitpunkt hatten weltweit 2613 Flugzeuge die Werkhallen verlassen. Hinzu kommen 1187 Exemplare der T–38 sowie zwei F-5E und drei F-5F, die Northrop im Jahre 1989 aus Ersatzteilen zusammenbaute und an die Luftstreitkräfte von Bahrain lieferte.

Northrop hatte gehofft, mit der F-5G die Serienfertigung fortführen zu können. Jedoch blieb dem einstrahligen Muster, das später als F-20 »Tigershark« geführt wurde, der Erfolg versagt. Nach dem Bau von vier Prototypen, deren erster am 30. August 1982 flog, wurde das Programm Ende der achtziger Jahre abgebrochen.

Die meisten der über 2600 F-5 befinden sich auch heute noch im Einsatz, darunter einige bei den »Agressor«-Squadrons der US Air Force und der US Navy, wo sie bei Übungs-Luftkämpfen den Part der MiG-21/23 übernehmen. Dank unterschiedlichster Modernisierungsmaßnahmen wird der Wegbereiter der »Hornet« auch in den nächsten Jahren in aller Welt eingesetzt werden.

Bewaffnung bei. Insgesamt ließ sich jedoch das Gewicht der Außenlasten von 2721 auf 3175 Kilogramm steigern. Die für die F-5A/B-Serie typischen »Tip-Tanks«, die nach der »Flächenregel« in der Mitte eingeschnürt sind, führt die F-5E allerdings nicht mehr mit.

Zunächst im Herbst 1973 vom 425th TFS der USAF übernommen, konnte die »Tiger II« binnen kürzester Zeit an die Erfolge ihrer Vorgänger anknüpfen. Neben Brasilien, Chile, Iran und Saudi-Arbien – um nur einige Länder zu nennen – entschieden sich auch Süd-Korea, Taiwan und die Schweiz für das Muster, wobei diese drei Länder zusätzlich auch in die Fertigung des Flugzeuges einbezogen wurden. Einen Überblick über die Fertigung sämtlicher Baureihen bietet die Produktions-Statistik am Ende dieses Kapitels. Anzumerken bleibt, daß die Avionik von Betreiber zu Betreiber Unterschiede aufweist.

Es war naheliegend, neben einer einsitzigen auch

Technische Daten F-5E:

Spannweite 8,14 Meter; Länge 14,45 Meter; Höhe 4,07 Meter; Flügelfläche 17,29 Quadratmeter; Leermasse 4410 Kilogramm; Abflugmasse 11214 Kilogramm; Höchstgeschwindigkeit Mach 1,64; Dienstgipfelhöhe 15790 Meter; Reichweite mit 2358 Kilogramm Außenlasten und maximalem Innenkraftstoff-Vorrat 222 Kilometer.

T–38 und F-5 Serienfertigung:

Typ	Northrop	AICD	Canadair	CASA	F+W	KA	Gesamt
T–38	1187						1187
F-5A	617		164	18			799
RF-5A	89			18			107
F-5B	183		76	34			293
F-5E	792	242			84	48	1166
RF-5E	12						12
F-5F	149	66			6	20	241
Gesamt	3029	308	240	70	90	68	3805

20

Ein Flugzeug namens Cobra

Der Weg zur YF-17

Es ist schon bemerkenswert, auf welche Ideen Flugzeug-Konstrukteure kommen, wenn es um die Namen und Bezeichnungen ihrer Entwürfe geht.

Northrops Vize-Präsident für fortschrittliche Programme – der 1983 verstorbene Lee Begin – nannte sein im Mai 1966 konzipiertes Projekt eines leichten Mehrzweckjägers P-530, weil er mit den Arbeiten an dem Entwurf exakt um 5.30 Uhr nachmittags begonnen hatte.

Obwohl hinter der Studie kein offizieller Auftrag von seiten der US Air Force oder der US Navy stand, handelte es sich bei der P-530 keineswegs um einen der vielen Papierkorb-Entwürfe, die keine Chance besitzen, jemals das Reißbrett zu verlassen. Der neue Jäger, dessen Einsatzspektrum über Bodenunterstützung, Gefechtsfeldabriegelung, Aufklärung, Luftüberlegenheitseinsätze bis hin zur Abfangjagd reichen sollte, war dazu ausersehen, eine Vielzahl von Kampfflugzeugen, darunter die Dassault »Mirage III«, die Lockheed F-104 »Starfighter«, die McDonnell »Phantom II« und nicht zuletzt die zahlreichen Varianten der Northrop F-5 abzulösen. Man rechnete damit, über einen längeren Zeitraum bis zu dreitausend Maschinen des Typs P-530 absetzen zu können. Im Laufe der folgenden Jahre investierte Northrop mehr als 22 Millionen US-Dollar in die Entwicklung des Flugzeuges.

Lee Begin orientierte sich zunächst an der erfolgreichen F-5/T-38 Serie, wobei er sich schrittweise mehr und mehr vom Grundkonzept entfernte und letztlich ein völlig neues Flugzeug präsentierte.

1971 waren die ersten Bilder einer 1:1-Attrappe der P-530 in ihrem endgültigen Zustand erhältlich. Neben der Schulterdecker-Bauweise und der zweikieligen Auslegung des Seitenleitwerkes fielen bei dem Muster die bis zum Rumpfbug vorgezogenen Flügel-Strakes auf. Dieses nunmehr als LEX (Leading-edge Extension) bekannte Konstruktionsmerkmal ähnelt ein wenig dem aufgespannten Halsschild einer Kobra, so daß es sich anbot, die P-530 entsprechend zu benennen.

Auf die verlängerten Flügelvorderkanten wird weiter hinten in diesem Buch noch ausführlich eingegangen. An dieser Stelle sei jedoch darauf hingewiesen, daß Northrop nicht weniger als neunzig LEX-Konfigurationen untersuchte und von den fast fünftausend Stunden, die verschiedene Modelle und Baugruppen der P-530 »Cobra« im Windkanal verbrachten, allein 1300 Stunden auf die Untersuchung der Tragflächen entfielen.

Nach der Eignungsprüfung diverser Triebwerke fiel die Entscheidung zugunsten des General Electric J101-GE-100 aus. Der speziell auf die »Cobra« zugeschnittene Antrieb befand sich zu diesem Zeitpunkt noch in der Entwicklung. Bei einem Trockengewicht von nur 913 Kilogramm erwartete man einen Nachbrennerschub von 66,7 kN (6800 Kilopond). Im Vergleich zum Triebwerk J79, das in der McDonnell-Douglas F4-»Phantom« zum Einsatz kam, konnte die Zahl der Bauteile um vierzig Prozent reduziert werden, so daß das J101 nur noch halb soviel wie das J79 wiegt.

Das maximale Abfluggewicht der P-530 sollte bei

22

Eine 1:1-Attrappe der
P-530 mit niederländi-
schen
Kennzeichen.

knapp über achtzehn Tonnen liegen, wobei 7260 Kilogramm auf Außenlasten in Form von Lenkwaffen, Raketen, Bomben und Zusatztanks entfielen. Für die Mitführung der Lasten standen sieben Außenstationen unter dem Rumpf und den Tragflügeln zur Verfügung. Die »Cobra« beeindruckte also in erster Linie durch eine im Verhältnis zum Gesamtgewicht große Kampfmittelzuladung.

Bereits 1971 schien sich ein Erfolg der P-530 abzuzeichnen. Die niederländischen Luftstreitkräfte (KLu) zeigten deutliches Interesse an einem Muster, das als Nachfolger für die in die Jahre gekommenen F-104 und NF-5 der KLu in Frage kam. Northrop hatte aus dem multi-nationalen Nachbau-Programm des Lockheed »Starfighters« seine Schlüsse gezogen und die »Cobra« von vornherein so ausgelegt, daß die Fertigung einzelner Baugruppen durch Sub-Unternehmer ohne weiteres möglich war. Wenngleich die P-530 Attrappe bereits niederländische Hoheitszeichen trug, verhinderte die Finanzierungsfrage den Lizenzbau in den Niederlanden.

Während Northrop noch Gespräche mit den Niederländern führte, trat die US Air Force am 6. Januar 1972 mit dem »Leight Weight Fighter« (LFW) Wettbewerb auf den Plan. Sinn und Zweck der Ausschreibung war es, dem schweren zweistrahligen Jagdflugzeug McDonnell-Douglas F-15 »Eagle« einen leichten, beweglichen und vor allem preiswerten Fighter an die Seite zu stellen. Der als »Phantom-Ersatz« vorgesehene Mach 2-Jäger befand sich zwar noch in der Entwicklung[1], jedoch zeichnete sich schon frühzeitig eine Explosion des Stückpreises ab. Unabhängig von den separat berechneten Entwicklungskosten hatte McDonnell-Douglas im Jahre 1970 für die Lieferung der ersten 107 Serienflugzeuge 469 Millionen US-Dollar kalkuliert. Unter dem Einfluß der Öl-Krise und einer rasant verlaufenden Inflationsrate stieg der Preis 1973 jedoch auf 703 Millionen US-Dollar an. Sparmaßnahmen waren demzufolge angesagt.

Northrop griff die Ausschreibung sofort auf und beauftragte Walter Feller mit der Projektierung eines entsprechenden Flugzeuges. Auf Basis der P-530 entstand so die P-600. Da das neue Flugzeug gemäß der 21 Seiten umfassenden Spezifikation ausschließlich Jagdflugzeug-Aufgaben übernehmen sollte, konnten verschiedene Einbauten entfallen und der Fighter leichter gemacht werden. Letztlich lag das maximale Abfluggewicht mit 9500 Kilogramm sehr deutlich unter dem der »Cobra«. Durch eine Änderung der Lufteinlauf-Geometrie, der LEX und des Cockpits ergaben sich auch äußerliche Unterschiede zwischen den Entwürfen.

Während die meisten Projekte der acht Mitbewerber – zu denen unter anderem Lockheed und LTV gehörten – recht schnell durch das Sieb der Vorauswahl fielen, konnten sich Boeing, Northrop und General Dynamics mit ihren Vorschlägen behaupten. Dabei hatte zunächst der Boeing-Entwurf Modell 908–909 die Nase vorn, während General Dynamics und Northrop an zweiter, beziehungsweise dritter Stelle rangierten. Weitere Analysen der Projekte ergaben jedoch ein anderes Bild. Boeing rutschte mit seinem Vorschlag auf den dritten Platz ab, so daß General Dynamics und Northrop zum Sieger der Vorauswahl erklärt wurden. Am 13. April 1972 vergab die US Air Force einen Entwicklungsauftrag über den Bau von jeweils zwei Versuchsmustern der Entwürfe Northrop P-600 und General Dynamics Modell 401–16B, die die Air Force-Bezeichnungen YF-17 und YF-16 erhielten. Die Buchstaben-Kombination »YF« bezeichnete dabei ein Vorserien-Jagdflugzeug. Der inzwischen in »Air Combat Fighter« (ACF) umbenannte Wettbewerb wurde durch die Bereitstellung von öffentlichen Mitteln in Höhe von 39,8 Millionen US-Dollar für Northrop und 37,9 Millionen US-Dollar für General Dynamics finanziert.

---

[1] Erstflug des F-15-Prototypen am 26. Juni 1973

22-8813

-813

Das schwere Jagdflugzeug »Eagle« – hier in der Version F-5J – sollte durch einen leichten Jäger ergänzt werden.

Die konstruktiven Besonderheiten der YF-17 kommen bei dieser Aufnahme voll zur Geltung.

Der Hauptunterschied zwischen den Spezifikationen »LWF« und »ACF« betraf die Avionik. Während ursprünglich an ein »Schönwetter-Jagdflugzeug« zu einem Stückpreis von drei Millionen US-Dollar bei einer Gesamtzahl von dreihundert Exemplaren gedacht war, das neben einer 20-mm-Kanone nur mit zwei »Sidewinder« Luft-Luft-Lenkwaffen bestückt werden sollte, wurde nun eine allwettertaugliche Maschine mit einem leistungsstärkeren Feuerleitsystem und einer umfänglichen Lenkwaffen-Ausrüstung gefordert.

Bevor an den Bau der Versuchsmuster gedacht werden konnte, waren umfangreiche Vorarbeiten erforderlich. Baugruppen und Modelle der YF-17 wurden mehr als 9700 Stunden in verschiedenen Windkanälen untersucht. Außerdem übernahm eine modifizierte Lockheed T–33 die Prüfung der vorgesehenen Flugsteuerung.

Als die erste YF-17 am 4. April 1974 aus der Werkhalle in Hawthorne, einem Stadtteil von Los Angeles rollte, fielen gegenüber der P-600 einige Unterschiede auf. Das Höhenleitwerk verfügte über eine größere Spannweite und um den Rumpfbug verlief ein »Zaun«, welcher die Strömung in diesem Bereich beeinflußte. Anstelle der anfänglich vorgesehenen Bewaffnung aus zwei 12,7-mm-Maschinengewehren gelangte nun die geforderte Standard-Rohr-

Eine General Dynamics F-16.

waffe der US Air Force, die M.61 »Vulcan«, zum Einbau.

Für die Erprobung der beiden Muster hatten die US-Luftstreitkräfte einen Zeitraum von zwölf Monaten, gerechnet vom jeweiligen Erstflugdatum des Teilnehmers, vorgesehen. Trotz dieses klar umrissenen Zeitraumes war man bei Northrop sehr darüber besorgt, daß das Konkurrenzmodell bereits seit dem 2. Februar 1974 in der Flugerprobung stand. Zuvor hatte die YF-16 unplanmäßig anläßlich eines Rollversuches am 20. Januar vom Boden abgehoben und einen inoffiziellen sechsminütigen Erstflug absolviert.

Northrop konnte die YF-17 nach vielen Schwierigkeiten erst am 9. Juni 1974 in die Luft bringen. Von Edwards AFB – dem Versuchszentrum der US Air Force – aus, führte der Chef-Testpilot des Herstellers, Hank Chouteau, die einsitzige Maschine zu ihrem 61 Minuten dauernden Erstflug, bei dem eine Geschwindigkeit von 982 km/h und eine Höhe von 5486 Metern erreicht wurde. Der Jungfernflug der YF-17 war zugleich die Premiere des YJ101, das bis dahin nur Bodentests absolviert hatte.

Technische Daten der »ACF«-Teilnehmer

	YF-16	YF-17
Triebwerk	1 P & W F 100-PW–100	2 GE YJ101
Nachbrennerschub (in kN)	1×104,5	2×66,7
Spannweite (in Meter)	9,14	10,67
Länge (in Meter)	14,17	17,07
Höhe (in Meter)	4,95	4,42
Flügelfläche (Quadratmeter)	27,8	32,5
maximale Startmasse (in Kilogrammm)	12250	17250
Höchstgeschwindigkeit (in Mach)	2,02	1,95
Kampfradius (in Kilometer)	880	700
Gipfelhöhe (in Meter)	18300	19800

Der zweite YF-17 Prototyp wurde mit der Aufschrift »US Navy« zu verschiedenen Luftfahrt-Ausstellungen entsandt.

Erwartungsgemäß äußerte sich der Testpilot sehr zufrieden über die Flugeigenschaften der YF-17. Das positive Urteil wurde bereits beim nächsten Flug, der am 11. Juni 1974 erfolgte, eindrucksvoll bestätigt. Hank Chouteau erzielte in einer Höhe von 9144 Metern mehr als Mach 1. Damit erreichte zum erstenmal ein mit einem Turbojet-Triebwerk ausgerüstetes US-Flugzeug Überschallgeschwindigkeit im Horizontalflug, ohne daß dabei der Nachbrenner eingeschaltet war. Bereits beim vierten Testflug saß Lt. Col. Jim Rider, der Kommandeur der speziell für den Wettbewerb aufgestellten »Lightweight Fighter Joint Test Force«, an der Steuersäule.

Northrop hatte die YF-17 von Anfang an auf höchste Manövrierfähigkeit ausgelegt und der Steigleistung sowie der Beschleunigung besonderen Stellenwert eingeräumt, Eigenschaften, die das Muster nun unter Beweis stellte.

Am 30. Juli 1974 traf das zweite YF-17-Versuchsflugzeug in Edward AFB ein, um mit einem neuentwickelten blau-weißen Oberflächen-Sichtschutz versehen ab dem 21. August 1974 in die Testphase einbezogen zu werden.

Für die Flugerprobung der beiden Jagdflugzeuge waren rund dreihundert Flüge je Teilnehmerpaar vorgesehen. Der Programmablauf geriet jedoch unerwartet unter Druck. Grund dafür war die Absicht Belgiens, Dänemarks, Norwegens und der Niederlande, gemeinsam einen Starfighter-Nachfolger zu bestellen und zu produzieren. Diese Ankündigung aktivierte nicht nur die europäischen Kampfflugzeug-Hersteller Dassault und SAAB, die sofort ihre Muster »Mirage F.1« und »Viggen« anboten, sondern auch Northrop und General Dynamics. Eine schnelle Entscheidung im »ACF«-Wettbewerb sollte die Chance, einen der US-Jäger in Europa absetzen zu können, deutlich erhöhen. Noch bevor die Wahl entschieden war, bot das US Defense Department den Europäern eine enge Zusammenarbeit bei der Produktion des Musters an, wobei es keine Rolle spielte, ob der Sieger YF-16 oder YF-17 heißen sollte.

Nachdem US Air Force-Sekretär Dr. John McLucas am 13. Januar 1975 die Entscheidung zugunsten der General Dynamics Konstruktion bekanntgab, konnte sich das Flugzeug auch auf dem europäischen Markt durchsetzen. US-Verteidigungsminister James Schlesinger hatte zuvor die amerikanischen Botschaften in Europa dahingehend unterrichtet, daß die YF-17 rund 24 Monate später als die YF-16 in die Serienfertigung gehen könnte und zwanzig Prozent teurer sowie 23 Prozent schwerer als ihr Konkurrent sei.

Die US Air Force begründete ihre Wahl, 650 F-16 (inzwischen beläuft sich das Auftragsvolumen für die diversen USAF-Verbände auf 2729 Flugzeuge der verschiedenen Varianten) zu ordern damit, daß die YF-16 der YF-17 in vielen Bereichen – wenn auch zum Teil nur geringfügig – überlegen sei. Vorteile ergaben sich für die General Dynamics Maschine unter anderem bei der Beschleunigung, dem Kampfradius, der Belastbarkeit der Zelle, den Sichtverhältnissen des Flugzeugführers und dem beweglich gelagerten Schleudersitz, der die »g«-Belastbarkeit[2] des Piloten gegenüber dem schräg eingebauten Sitz der YF-17 erhöht. Nachteilig wurde der Northrop-Konstruktion ihre zweimotorige Bauweise ausgelegt, die das Flugzeug teuer machte und den Kraftstoffverbrauch in die Höhe trieb. Immerhin benötigte die YF-17 36 Prozent mehr Treibstoff als ihr Konkurrenzmuster. Gerechnet nach dem Ölpreis des Jahres 1975 bedeutete dies bei 650 Flugzeugen und einer Einsatzdauer von fünfzehn Jahren einen Mehraufwand von 1,3 Milliarden US-Dollar!

Northrop konterte auf die Vorwürfe mit der Feststellung, daß es sich bei den verwendeten YJ101-Turbinen um Vorserien-Triebwerke handle, die noch nicht über die volle Leistung des Serienmodells verfügten und die YF-17 ihre Leistungsfähigkeit noch nicht gänzlich demonstrieren konnte. Mit diesem »statement« offenbarte Northrop selbst einen Schwachpunkt der Konstruktion. Während die YF-16 mit einem bereits bei der F-15 »Eagle« eingeführten Antrieb – dem Pratt & Whitney F100-PW–100 – flog, war das General Electric J101 ein noch unbeschriebenes Blatt, dessen weitere Entwicklung abzuwarten blieb, wenngleich das Triebwerk im Rahmen der 345 Stunden dauernden Flugerprobung der YF-17 fehlerfrei funktioniert hatte.

Für Northrop war der »ACF«-Wettbewerb zwar verloren, jedoch eröffnete eine US Navy Spezifikation unter dem Kürzel VFAX dem Unternehmen eine neue Chance, die YF-17 in die Serienfertigung zu bekommen.

---

[2] g steht für Erd- beziehungsweise Fallbeschleunigung

Von der Cobra zur Hornet

Metamorphose eines Kampfflugzeuges

1969 lieferten amerikanische Aufklärungs-Satelliten erste Bilder eines neuen sowjetischen Kampfflugzeuges, das dem Konstruktionsbüro von Tupolew zugeordnet wurde und den Nato-Code-Namen »Backfire« erhielt. Erste Leistungsanalysen des zweistrahligen Schwenkflüglers durch westliche Militärexperten ergaben eine Höchstgeschwindigkeit von Mach 2+ sowie einen Kampfradius von 5500 Kilometern, wobei 320 Kilometer mit doppelter Schallgeschwindigkeit zurückgelegt werden können. Waffenseitig lassen sich mit dem »Backfire« neben herkömmlichen Bomben auch Lenkwaffen des Typs AS-4 »Kitchen« und AS-6 »Kingfish« mitführen. Es handelt sich dabei um radargelenkte Waffen, die mit Atomsprengköpfen bestückt Überschallgeschwindigkeit erreichen. Schon bald war den Amerikanern klar, daß die Tu-22 M – so die offizielle Bezeichnung des Bombers – nicht nur den strategischen Geschwadern der Roten Luftwaffe, sondern auch den sowjetischen Marinefliegern (AVMF) zugeführt werden sollte.

Zum erstenmal sah sich die amerikanische Flotte somit einer ernsthaften Bedrohung durch Bombenflugzeuge der UdSSR ausgesetzt. Zwar verfügte die AVMF über eine Anzahl von Tu-16 »Badger« und Tu-95 »Bear«, jedoch ließen sich diese Unterschall-Muster leicht abfangen und auch der supersonische Tu-22 »Blinder« stellte keine echte Gefahr dar.

In dieser Situation trat mit der Grumman F-14 »Tomcat« ein neuer Hochleistungsjäger für die US Navy auf den Plan, der mit viel Vorschußlorbeeren bedacht wurde und ab dem 21. Dezember 1970 die Flugerprobung aufnahm. Der zweistrahlige Fighter – der zur Gruppe der Schwenkflügel-Flugzeuge gehört – erreicht eine Höchstgeschwindigkeit von Mach 2,34. Er ist in der Lage, neben der serienmäßig eingebauten 20-mm-M.61 »Vulcan«-Kanone bis zu sechs Luft-Luft-Lenkwaffen des Typs AIM-54 »Phoenix« mitführen zu können. Aufgabe der »Tomcat« ist es, Sperreinsätze weit vor der Flotte zu fliegen, wobei Grumman E-2 »Hawkeye« Frühwarnflugzeuge die F-14 Piloten mit Informationen versorgen. Dank der bis zu Mach 5 schnellen »Phoenix«, die eine Reichweite von rund 160 Kilometern aufweist, sowie eines Bordrechners, der gleichzeitig bis zu 24 Objekte orten und parallel die Bekämpfung von sechs Zielen einleiten kann, sollte der Schutz der US-Schiffe gesichert sein.

Die Entwicklung der »Tomcat« nahm jedoch einen unvorhergesehenen Verlauf. Triebwerksprobleme plagten den Jäger, dessen Bauweise komplex und teuer war, und ähnlich der F-15 »Eagle« machte sich auch bei der F-14 ein rasanter Anstieg der Kosten bemerkbar. Bereits zu Beginn der Serienfertigung zeichnete sich ab, daß der anfänglich genannte Stückpreis von 12,5 Millionen US-Dollar nicht zu halten war und die »Tomcat« rund zwanzig Millionen US-Dollar kosten würde.

Die US Navy hatte sich also für ein sehr kostenträchtiges Flugzeug entschieden, das darüber hinaus keine »Dog-Fighter«-Qualitäten[1] besaß. Trotz dieses

---

[1] dog fight bezeichnet im englischen Sprachgebrauch den Luftkampf zwischen zwei Flugzeugen

Sachverhaltes gab es eine starke Lobby, die an der F-14 festhielt. Insbesondere der Deputy Chief of Naval Operations (DCNO), Vize-Admiral William Houser, sah in der »Tomcat« das US Navy Jagdflugzeug der Zukunft, von dem nach seinen Vorstellungen eine abgespeckte Version speziell für den Luftkampf entwickelt werden sollte.

Im Gegensatz dazu stand die Meinung von Vize-Admiral Kent Lee, der ab 1973 das Naval Air Systems Command (NAVAIR) leitete. Diese Abteilung ist für den Entwurf und den Bau von Flugzeugen und Waffen für die US Navy verantwortlich. Lee wünschte sich ein neues, leichtes Kampfflugzeug, das preiswerter als die »Tomcat« war, die F-14 ergänzen und die Muster McDonnell F-4 »Phantom II« und LTV A–7 »Corsair II« ablösen sollte.

Nach einer hart geführten Debatte zwischen den Admirälen setzte sich Lee letztlich durch, so daß im Juni 1974 die Ausschreibung VFAX (V für heavier than air; F für Fighter; A für Attack und X für Experimental) an die Luftfahrt-Industrie herausgegeben werden konnte.

Nachdem die Serienfertigung der »Tomcat« bereits Millionenbeträge verschlang, standen für das neue Projekt nur bescheidene Mittel zur Verfügung. Aus diesem Grunde war man bestrebt, einen der beiden »ACF«-Teilnehmer für die Aufgabe zu adaptieren. Unverzüglich arbeiteten General Dynamics und Northrop entsprechende Vorschläge aus, die die Bezeichnungen Modell 401 und P-630 trugen.

Die recht allgemein gehaltene Ausschreibung VFAX wurde bereits im Herbst 1974 konkretisiert und durch die Spezifikation NACF (Navy Air Combat Fighter) ersetzt. Damit war die Aufgabenstellung Luftkampf gegenüber der Angriffs-Mission etwas in den Vordergrund gerückt.

Die F-14 »Tomcat« ist in der Lage, bis zu sechs schwere Luft-Luft-Lenkwaffen des Typs AIM-54 »Phoenix« mitzuführen.

Ebenso wie die »Hornet« weist auch die »Tomcat« ein zweikieliges Seitenleitwerk auf.

Sowohl General Dynamics als auch Northrop verfügten über so gut wie keine Erfahrungen im Bau von Marineflugzeugen und so verwundert es nicht, daß beide Unternehmen Partner mit dem nötigen »know-how« suchten. Während sich General Dynamics der Hilfe von LTV versicherte, schloß Northrop einen Vertrag mit McDonnell Douglas.

Im Gegensatz zu den Parlamentariern, die der Meinung waren, daß die »ACF«-Teilnehmer mit wenig Aufwand zu brauchbaren, trägergestützten Flugzeugen umfunktioniert werden konnten, hatten McDonnell Douglas und Northrop klar erkannt, daß die Ansprüche der US Navy umfangreiche Änderungen der YF-17 bedingten und nur die allgemeine Auslegung des Fighters beibehalten werden konnte.

Für die Detailkonstruktion des Trägerflugzeuges stellte Northrop fünfzig Ingenieure ab, die das in St.Louis angesiedelte McDonnell Douglas-Entwicklungsteam unterstützten und verschiedene vorbereitende Aufgaben erledigten. Zu diesen Tätigkeiten gehörten in erster Linie das Auswerten von Windkanalversuchen, die Einrichtung von Testanordnungen sowie die Entwicklung von Computer-Simulationen. Der Trägereinsatz der Maschine machte neben den üblichen Einbauten wie Fanghaken, Katapultanschluß und Faltmechanismus der Tragflächen eine Strukturverstärkung der Zelle erforderlich, um den hohen Belastungen, die bei Start und Landung auftreten, gerecht zu werden. Zur Verbesserung der Rollstabilität wurde die Spurweite des Fahrgestells von 2,10 auf 3,11 Meter erweitert. Außerdem waren Verstärkungen des Fahrwerkes, das nun Sinkraten von bis zu sieben Meter pro Sekunde verkraften muß, erforderlich.

Während diese Modifikationen mit einem Gewichtszuwachs von 1360 Kilogramm verbunden waren, schlugen Verbesserungen der Avionik mit 272 Kilogramm zu Buche. An die Stelle des Rockwell NASARR trat das von Hughes entwickelte APG-65 Radar, das aufgrund seiner besseren Reichweitenleistung über eine größere Antenne mit einem Durchmesser von 71 Zentimetern verfügt, wodurch der relativ spitze Rumpfbug der YF-17 etwas verbreitert und das Cockpit geringfügig nach hinten verlegt werden mußte.

Mit dem APG-65 lieferte Hughes ein programmierbares Radar, das trotz der Rumpfverbreiterung mit einer kleinen Antenne auskommen mußte. Um auch unter diesen Umständen leistungsfähig zu bleiben, war neben einer besonders starken Sendeleistung ein empfindlicher Empfänger zu integrieren. All das führte zu einem hohen Stromverbrauch und einem Aufheizen des Radars, dessen Sender eine spezielle Flüssigkeitskühlung erhielt. Hinzu kam die Verwendung von wärmeabsorbierenden Bauteilen und der Wechsel vom hydraulischen zum elektrischen Antennenantrieb, wodurch Platz gespart werden konnte. Damit waren die Probleme jedoch noch nicht aus der Welt. Die Bordkanone mußte zusammen mit der Radaranlage im Rumpfbug untergebracht werden. Im dünnen Tragflügel war für die Waffe kein Platz und eine behältermontierte Bordkanone wurde von der US Navy abgelehnt. Das Radar war also noch vor den Abgasen, der Hitze und den Vibrationen die von der »Vulcan« ausgehen, zu schützen. Aus diesem Grunde verzichtete man auf Zugangsklappen und wählte eine Schienenmontage des APG-65. Nach dem seitlichen Schwenken des Radoms läßt sich das Radar zur Wartung aus dem Rumpfbug ziehen.

Auch die Installation der M.61 »Vulcan« beeinflußte die Lage des Radars. Hinsichtlich des Schußwinkels der oberhalb des Rumpfbugs eingebauten Bordkanone gab es Diskrepanzen zwischen den Fighter- und den Attack-Piloten. Während die Jäger die Waffe in einem Winkel von zwei Grad nach oben gerichtet haben wollten, wünschten sich die »Erdkämpfer« einen Winkel von 1,5 Grad nach unten. Letztlich setzten sich die Führer der Jagdflugzeuge durch.

Als Schwenkflügler kann die F-14 die Tragflächenpfeilung der jeweiligen Geschwindigkeit anpassen.

wurden im hinteren Rumpfbereich um 106 Millimeter auseinander gerückt und im vorderen Bereich nach außen gekantet. Das Einfügen eines 127 Millimeter breiten Segmentes in das Rumpfmittelstück erbrachte weiteren Nutzraum.

Die diversen Modifikationen führten zu einem drastischen Anstieg des Abfluggewichtes, das je nach Einsatzaufgabe zwischen 14970 und 19960 Kilogramm variiert. Damit trotz des Zuwachses an Masse die von der US Navy geforderte Anfluggeschwindigkeit von 115 bis 125 Knoten (213 bis 232 km/h) nicht überschritten wurde, waren Änderungen der Tragflächen erforderlich. Die Vergrößerung der Flügelfläche um 4,64 von 32,52 auf 37,16 Quadratmeter konnte durch die Erhöhung der Spannweite von 10,67 auf 11,43 Meter sowie einer Erweiterung der Flügeltiefe erreicht werden.

Der maximale Ausschlag der Nasenklappen, die nun mit einem Sägezahn zur Verbesserung der Auftriebseigenschaften ausgestattet waren, wurde von 25 auf 35 Grad geändert. Außerdem konnten die Landeklappen nun auf 45 Grad gesetzt werden. Den gleichen Wirkungsgrad erhielten die kurzen Querruder, die bei Bedarf die Landeklappen unterstützen. Weitere Änderungen betrafen die LEX. Die zwischen dem Rumpf und den LEX befindlichen langen, einteiligen Schlitze, die zur Ableitung der Rumpf-Grenzschicht dienen, wurden nun zweiteilig ausgeführt. Die Größe und Kontur des Höhenleitwerkes erfuhr ebenfalls Änderungen. Neben einer Reduzierung der Spannweite von 6,93 auf 6,58 Meter fielen die abgerundeten hinteren Flächenspitzen und die Verwendung eines Sägezahnes auf.

Triebwerkseitig erfolgte ebenfalls eine Verbesserung. General Electric leitete aus dem YJ101 das F404-GE-100 ab, das weniger durstig als sein Vorgänger ist und mit 71,1 kN (7257 kp) auch mehr Schub abgibt.

Während sich das US-Verteidigungsministerium mit zwei Millionen US-Dollar an der Überarbeitung des

Die US Navy erwartete von ihrem neuen Kampfflugzeug einen Aktionsradius, der gegenüber der YF-17 eine deutliche Steigerung des Kraftstoffvolumens bedingte. Zusätzlicher Tankraum mußte geschaffen werden. Die nebeneinander liegenden Triebwerke

Triebwerkes beteiligte, erhielten Northrop und McDonnell Douglas einen Zuschuß von 4,4 Millionen US-Dollar für die Arbeiten an der Navy-gerechten YF-17.

Die von General Dynamics und Northrop eingereichten Vorschläge wurden von zwei Kommissionen, die aus 23 beziehungsweise zehn Personen bestanden und denen rund fünfhundert Experten aus den diversen Fachgebieten zur Seite standen, geprüft. Bereits frühzeitig zeichnete sich ein Erfolg der Northrop-Konstruktion ab. Dafür gab es eine Reihe von Gründen. Die F-16 verfügte über ein langes Heck, das nur einen geringen Anstellwinkel beim Start gestattete und zu Problemen beim Trägerstart führen konnte. Schwerwiegender als dieser Nachteil war nach Meinung der Beschaffungs-Kommissionen die »Fly-By-Wire«-Flugsteuerung. Von seiten der US Navy wurde befürchtet, daß die riesigen Flugzeugträger-Radars mit ihrer enormen Sendeleistung die elektrische Steuerung des Flugzeuges ausschalten oder zumindest beeinflussen könnten. Außerdem vertrat man die Ansicht, daß das »Fly-By-Wire«-System die F-16 beschußempfindlich macht. Zwar verfügte auch die YF-17 über ein entsprechendes System, allerdings standen für Notfälle mechanische Back-up-Anlagen bereit.

Die zweimotorige Auslegung, die der YF-17 beim »ACF«-Wettbewerb noch zum Verhängnis geworden war, erwies sich nun als Trumpfkarte. Die US Navy legte schon immer sehr viel Wert auf höchste Sicherheit und diese ist eben bei einem zweistrahligen Jet größer als bei einmotorigen Maschinen. Ferner erwies sich die Navy-Version der YF-17 in Bezug auf die Waffenzuladung gegenüber der F-16 als effektiver und schließlich ließ sich der Northrop-Jet mit derart hohen Anstellwinkeln fliegen, wie sie bis dahin für unmöglich gehalten wurden. Gerade diese Eigenschaft ist für Trägerflugzeuge besonders wichtig. Doch dazu später mehr.

Am 2. Mai 1975 wurden die lang gehegten Vermu-

tungen durch die US Navy offiziell bestätigt: Elf Versuchsflugzeuge des nun als McDonnell Douglas F-18 beziehungsweise A–18 bezeichneten Musters wurden bestellt. Darüber hinaus erklärte man die Absicht, achthundert Serienflugzeuge, aufgeteilt auf die Jagdflugzeug-, Trainings- und Angriff-Versionen F-18 (430), TF-18 (60) und A–18 (310), zu ordern. Diese Flugzeuge sollten zwölf F-4 »Phantom«-Squadrons sowie dreißig A–7 »Corsair II« Verbände, darunter sechs Reserve-Gruppen der US Navy, ablösen. Weitere Maschinen waren für das Marine Corps bestimmt, das acht bislang mit Phantom II ausgerüstete Einheiten mit dem neuen Jet ausstatten wollte.

Die Wahl der F-18 war jedoch nicht unumstritten. Widerstand formierte sich aus den Reihen der Politiker und Militärs. Ein Milliarden-Projekt, wie es das F-18 Programm darstellt, hat Auswirkungen auf die Arbeitsplatz-Situation in den verschiedenen US-Bundesstaaten und so verwundert es nicht, daß sich die entsprechenden Gouverneure einschalteten. Während Texas, als Heimat von General Dynamics, den Bau der F-16 forderte, erhielt McDonnell-Douglas von seinem Heimat-Bundesstaat Missouri Schützenhilfe. Ohio und Massachusetts, wo Betriebe von General Electric lagen, votierten ebenso für die F-18 wie der Northrop-Bundestaat Kalifornien.

Den Militärpiloten brannten währenddessen ganz andere Sorgen auf den Nägeln. Besonders den A–7 Flugzeugführern behagte es nicht, in Zukunft eine Doppelrolle spielen zu müssen. Einerseits erwartete man von ihnen gezielte Bombenwürfe und andererseits sollten sie als perfekte Jagdflugzeug-Piloten auftreten.

Naturgemäß kamen diese Kritik und Befürchtungen der Konkurrenz sehr gelegen, die ihrerseits ständig kritische Artikel in die Presse lancierte, wobei die Kostenentwicklung eine wichtige Rolle spielte. Es hatte sich gezeigt, daß die diversen Änderungen nicht nur das Gewicht des Flugzeuges, sondern

Die legendäre F-4 »Phantom II« wird in großem Umfang von der »Hornet« abgelöst.

auch seinen Stückpreis in die Höhe trieb. Von den ursprünglich kalkulierten drei Million US-Dollar pro Stück war schon längst nicht mehr die Rede. Nachdem jedoch das Marine Corps im Juli 1975 beschloß, als Ersatz für ihre »Phantom II« 260 F-18 zu bestellen, ließ sich der Preisanstieg zunächst in Grenzen halten.

Unabhängig vom ständigen Kostenanstieg begann die Fertigung der Vorserienflugzeuge bei McDonnell-Douglas. Das Unternehmen hatte zwischenzeitlich die Federführung des Programms übernommen und führte demzufolge auch die Flugerprobung durch.

Der Roll-out der F/A–18
»Hornet«.

Die Hornisse schlüpft

Von den Prototypen zum Serienmodell

Am 21. Juli 1978 gab es einen ersten kurzen Fototermin mit dem Prototyp der F-18, der sich zu diesem Zeitpunkt noch in unlackiertem Zustand befand. Der eigentliche Roll-out erfolgte schließlich am 13. September des Jahres. Den auf dem Hallenvorfeld der McDonnell-Douglas-Werke in St.Louis stehenden Fighter hatte man zu diesem Zweck fein hergerichtet. Das weiß gestrichene Flugzeug präsentierte sich mit blauen und goldenen Trimmstreifen. Auf der rechten Seite trug es den Namen »Marines« und auf der linken den Schriftzug »Navy«. Eine stilisierte Hornisse auf den Rumpfbugseiten gab einen Hinweis auf die Bezeichnung »Hornet«, welcher auf beiden Rumpfseiten oberhalb der Tragflächen prangte.

Der Name »Hornet« hat Navy-Tradition. Seit 1775 gab es immer wieder Schiffe, die diese Bezeichnung trugen, wobei besonders die Flugzeugträger CV−8 und CV−12 hervorzuheben sind. Von Bord des rund 250 Meter langen CV−8 starteten die Vereinigten Staaten am 22. April 1942 einen der spektakulärsten Einsätze des Zweiten Weltkrieges. Unter der Führung von James H. Doolittle flogen 16 zweimotorige USAAF-Bomber vom Typ B-25 »Mitchell« einen Angriff auf Tokio, wobei der zermürbende moralische Effekt der Aktion weit wichtiger als der militärische Nutzen war, zumal man den Verlust sämtlicher Flugzeuge von vornherein einkalkuliert hatte. Nachdem der CV−8 noch im selben Jahr verlorengegangen war, wurde der Name »Hornet« dem 1943 in Dienst gestellten CV−12 übertragen, welcher im Zweiten Weltkrieg, während des Korea-Konfliktes und in Vietnam Dienst tat. Internationale Aufmerksamkeit erregte der Träger im Jahre 1969 durch die Bergung der »Apollo 11«-Kapsel, die die ersten Mondfahrer Armstrong, Aldrin und Collins sicher zur Erde zurückbrachte.

Doch nun zurück zur F-18. Nach umfassenden Bodenversuchen, die in erster Linie den diversen Bordsystemen galten, konnte am 18. November 1978 mit dem Erstflug des Musters die entscheidende Phase der Erprobung beginnen. McDonnell Douglas Chef-Testpilot John E. »Jack« Krings startete um 11.05 Uhr Ortszeit vom Lambert Field in St.Louis mit dem ersten Versuchsflugzeug zum fünfzigminütigen Jungfernflug, der naturgemäß noch keine Rückschlüsse auf das Leistungsvermögen des Jets zuließ. Begleitet von zwei F-15 Jagdmaschinen kletterte der Testpilot mit dem Debütanten auf eine Höhe von siebentausend Metern, wobei die Geschwindigkeit lediglich 530 km/h betrug. Nach der Landung äußerte sich »Jack« Krings sehr positiv über die das ihm anvertraute neue Flugzeug.

Die elf Versuchsmuster, die als FSD-Flugzeuge (Full Scale Development) bezeichnet werden, ließen jedoch in der Folgezeit allerdings eine Reihe von Schwächen erkennen. Die F404-Triebwerke verbrauchten im Reiseflug zwölf Prozent mehr Treibstoff als man berechnet hatte, so daß die garantierte Reichweite nicht erzielt wurde. Trotz vielfältiger

Bemühungen liegt dieser Wert auch heute noch um rund acht Prozent hinter den erwarteten Werten zurück. Das Reichweiten-Problem lag jedoch nicht nur in der Triebwerkanlage begründet. Die US Navy erwartet von ihren Flugzeugen, daß ein Drittel des Abfluggewichtes auf den Treibstoff entfällt, bei der »Hornet« sind es aber lediglich 23 Prozent, so daß bei fast allen Einsätzen die ungeliebten Zusatztanks mitgeführt werden müssen. Wie sich zeigte, benötigte die Klima-Anlage wesentlich mehr Energie von den Triebwerken, so daß sich der Verbrauch auch durch diesen Umstand erhöhte. Für die mageren Beschleunigungswerte – von Mach 0,8 auf Mach 1,6 wurden sage und schreibe 2.40 Minuten benötigt – zeichneten allerdings die Triebwerke allein verantwortlich.

Die Anfluggeschwindigkeit der »Hornet« lag um 36 km/h höher als errechnet, und das Bugrad zeigte die Tendenz, erst bei 260 km/h vom Deck abzuheben. Strömungsabrisse traten in verschiedenen

Geschwindigkeitsbereichen auf, und nicht zuletzt mußte die Rollrate verbessert werden. Die Rollrate, die für Jagdflugzeuge ebenso wichtig ist wie gute Beschleunigungswerte, lag bei Mach 0,9 in 3050 Metern Flughöhe um achtzig Grad pro Sekunde hinter den Erwartungen zurück. Mitentscheidend dafür waren die kurzen Querruder sowie die ungenügende Steifigkeit der Flügelhinterkante, die beim Querruderausschlag zu einer Verwindung des Tragflügels führen konnte, sowie die Mitführung von Luft-Luft-Lenkwaffen an den Flügelspitzen. Gegenmaßnahmen beinhalteten eine Verstärkung der Tragflächenstruktur, die lediglich einen Gewichtszuwachs von 64,5 Kilogramm zur Folge hatte, sowie die Einführung eines verlängerten Querruders, das nun bis zur Flügelspitze reicht und eine 36 Prozent größere Fläche aufweist, so daß sich auch die Landegeschwindigkeit herabsetzen ließ. Die Modifikationen erwiesen sich als so erfolgreich, daß die Rollrate nun vom Bordcomputer auf einen Wert von 220 Grad pro Sekunde begrenzt wird. Der neue Tragflügel gelangte erstmals beim FSD-Flugzeug Nummer acht zum Einbau. Ab der siebzehnten »Hornet« wurde er serienmäßig installiert und den Serienflugzeugen mit den Nummern 10 bis 14 nachträglich angebaut.

Die zahlreichen Schwierigkeiten mit dem Jet, der inzwischen als erstes US Navy-Flugzeug eine Doppelbezeichnung, nämlich F/A–18 trug, erforderte ein ganzes Bündel von Maßnahmen. Zu diesen gehörten unter anderem eine Überarbeitung des F404-Triebwerkes und seines Zapfluftsystems, sowie der Fortfall des in den Nasenklappen und dem Höhenleitwerk befindlichen Sägezahnes, wodurch sich das Problem der Strömungsabrisse deutlich besserte. Außerdem wurde die Form der Nasenklappen geändert, so daß eine Reduzierung der Anflug- und Aufsetzgeschwindigkeit erreicht wurde. Allerdings ließen sich nur minimale Verbesserungen erzielen.

Wie erwähnt, betraf ein weiterer Kritikpunkt den »lift-off speed« des Bugrades, das sich erst bei hohen Geschwindigkeiten vom Boden löste und somit zu Problemen beim Katapultstart führte. Das Flugzeug nahm nur langsam die Nase nach oben und gewann nicht schnell genug an Höhe. Nachdem eine Verbesserung der Höhenruderwirkung auch durch eine Vergrößerung der Fläche nicht möglich war, oblag es dem FSD-Flugzeug Nummer drei, eine Lösung des Problemes zu finden. Der Jet, der zunächst von einem nachgebauten Trägerdeck in Patuxent River aus eingesetzt wurde, nahm Ende Oktober 1979 die Erprobung vom Carrier USS »America« auf. Die Versuche zeigten, daß das Flugzeug bei einer nach innen gerichteten Seitenruderstellung von 25 Grad besser vom Deck abhob. Insgesamt gesehen verlief die Trägererprobung zufriedenstellend – bis auf den Bruch einer Fahrwerk-Strebe. Mittels einer Verstärkung konnte jedoch auch dieses Problem umgehend gelöst werden. In diesem Zusammenhang ist festzuhalten, daß die »Hornet« strukturseitig für zweitausend Katapultstarts und Decklandungen ausgelegt ist.

Die elf Versuchsmuster hatten ein genau festgelegtes Programm zu absolvieren, wobei die Maschinen in der Regel vom »Navy Air Test Center« in Patuxent River aus operierten. Während die Prototypen eins und zwei (Erstflugdatum 12. März 1979) vornehmlich zur Ermittlung der allgemeinen Flugeigenschaften und -leistungen dienten und das dritte Flugzeug die Trägertauglichkeit beweisen mußte, war das FSD-Flugzeug Nummer 4 für Belastungsversuche bestimmt, bei denen neun g erreicht wurden. Außerdem existierte noch eine komplette Bruchzelle und einige Bauteile wurden einer dauerhaften statischen Prüfung bis zu 11,25 g unterzogen. Das fünfte Versuchsflugzeug erhielt als erste »Hornet« die komplette Avionik einschließlich des Feuerleitsystems. Neben dieser Maschine waren noch das erste zweisitzige Muster sowie der Prototyp Nummer 8 in die Waffenerprobung einbezogen.

Die Doppelsitzer erhielten die Bezeichnung TF-1 und TF-2. Insbesondere die TF-2 wurde bevorzugt zu Demonstrationsflügen und öffentlichen Vorführungen benutzt und nahm daher auch an der im September 1980 stattfindenden traditionellen Luftfahrtschau im britischen Farnborough teil. Nach dem Ende der Veranstaltung sollte die TF-2 nach Spanien fliegen, um auch dort vorgestellt zu werden. Nur wenige Minuten nach dem Start in Farnborough trat jedoch ein Fehler in der Niederdruck-Turbine des rechten Triebwerkes auf, wodurch dieser Antrieb ausfiel und das Flugzeug nach und nach immer mehr außer Kontrolle geriet. Nachdem auch die Steuerung des zweiten Triebwerkes aussetzte, sahen die Piloten – John Krings und Gary Post – keine Möglichkeit, die Maschine sicher zu landen. In viertausend Fuß Höhe und bei einer Geschwindigkeit von 750 km/h betätigten die Flugzeugführer ihren Schleudersitz. Beim Absprung zog sich Krings einen Schulterbruch zu, während sich Post einen Arm brach.

Der Absturz führte zu einer kurzzeitigen Unterbrechung des Versuchsprogramms, in das zu diesem Zeitpunkt acht Flugzeuge, die eine Gesamtflugzeit von 2240 Stunden aufwiesen, eingebunden waren. Die Ursache des Unfalls blieb zunächst rätselhaft. Für die Untersuchung des Crashs benötigte man sämtliche Teile des schadhaften Triebwerkes, wobei jedoch das wichtigste Bauteil – ein Turbinenrad – nicht aufzufinden war. Obwohl General Electric eine Belohnung für das Auffinden aussetzte, blieb das Rad verschwunden. Materialproben ergaben aber letztlich, daß die verwendete Metall-Legierung den Belastungen nicht standhielt und unverzüglich zu ersetzen war.

Der Absturz hatte für McDonnell-Douglas ein unerfreuliches Nachspiel: John F. Lehman jun. verlangte in seiner Funktion als »Secretary of the Navy« vom Hersteller kostenlosen Ersatz für die TF-2 mit der Begründung, man habe McDonnell-Douglas das

Mit gestreckten Beinen wird diese »Hornet«, wie es bei der Navy heißt, »in den Boden geflogen«.

Die Kennzahl 6 am Seitenleitwerk weist diese »Hornet« als sechstes FSD-Flugzeug aus.

Flugzeug lediglich für die Vorführungen geliehen. Nach Meinung der MCAIR-Anwälte hatte die US Navy rein rechtlich gesehen keinen Anspruch auf einen Ausgleich für das verlorengegangene Flugzeug, jedoch wollte man keinen Streit mit einem der besten Kunden eingehen und lieferte schließlich ein Ersatz-Flugzeug frei Haus.

Das Erfliegen extremer Flugzustände, zu denen unter anderem sehr hohe Anstellwinkel gehören, nahm einen breiten Raum innerhalb des Versuchs-programms ein. Der sechste Prototyp wurde eigens für eine solche Erprobung abgestellt und aus Sicherheitsgründen mit einem Anti-Trudelschirm oberhalb der rechten Schubdüse ausgerüstet.

Bereits anläßlich des »AFC«-Wettbewerbes hatten die beiden YF-17 mit der Vorführung außergewöhnli-cher Anstellwinkel überrascht. Dies führte dazu, daß sich die NASA ab Mai 1976 des Flugzeugs annahm, um mit dem ersten Versuchsmuster ein achtwöchi-ges Spezialprogramm zu absolvieren, bei dem neu-

artige Flugmanöver für künftige Fighter entwickelt und erforscht werden sollten. An den Gesamtkosten des Tests in Höhe von 525000 US-Dollar beteiligte sich auch die US-Navy.

Heute gehören acht »Hornets« zum Inventar der NASA. Das Muster hat in erster Linie den »Starfighter«, von dem die NASA nur noch eine TF-104G besitzt, als »Chase-Plane« abgelöst. Aufgabe dieser Begleitflugzeuge ist es, Flugversuche anderer Muster zu beobachten und im Bild festzuhalten. Bei

Störfällen an den Testflugzeugen können die »Hornet«-Piloten darüber hinaus dem anderen Flugzeugführer hilfreiche Hinweise geben.

Neben der Aufgabenstellung »Chase-Plane« wird seit 1987 eine mit dem Kennzeichen NASA 840 versehene, schwarz-weiß bemalte F/A–18 für das Sonderprogramm »High Alpha«[1] als »HARV« (High

---

[1] Der griechische Buchstabe Alpha steht in der Flugtechnik für Anstellwinkel.

Die BuNo 160782 auf einem der zahlreichen Versuchsflüge.

Angle-of-Attack Research Vehicle) verwendet.

Grundlage für die in drei Phasen aufgeteilte Versuchsreihe bildeten die mit der YF-17 in dieser Richtung gewonnenen Erkenntnisse. Bei den »High Alpha«-Flügen geht es allerdings weniger um das Erreichen sehr hoher Anstellwinkel als vielmehr um die Untersuchung des Strömungsverhaltens bei verschiedenen Anstellwinkeln. Aus diesem Grunde waren einige Modifikationen des Flugzeuges erforderlich. So erhielt der Rumpfbug fünfhundert Öffnungen, aus denen eine ölartige Flüssigkeit zur Sichtbarmachung der Strömung abgelassen werden kann. Es ist aber auch möglich, Rauch aus dem Bugbereich auszustoßen oder das Flugzeug mit Wollfäden zu bekleben. Die erste Versuchsphase erstrecke sich bis ins Jahr 1990 und umfaßte insgesamt 101 Flüge, bei denen Anstellwinkel von bis zu 55 Grad erreicht wurden. Mittels eines zusätzlichen Bordcomputers war die Flugsteuerung sogar in diesem extremen Bereich problemlos möglich.

Ende 1990 erhielt die NASA 840 ein Schubklappen-Steuersystem, das in Verbindung mit einem neuen Rechner ein Erfliegen von Anstellwinkeln von bis zu siebzig Grad erlaubt. Im Falle eines Abreißens der Strömung kann das Flugzeug dank des Schubklappen-Systems wieder beherrschbar gemacht werden. Gegenwärtig (im Frühjahr 1993) befindet sich die dritte Stufe des »High Alpha«-Programms in der Entwicklung. Flügel-Strakes von 1,20 Meter Länge und 0,15 Meter Breite werden an den Rumpfbug montiert und bei hohen Anstellwinkeln automatisch ausgefahren.

Das Erfliegen hoher Anstellwinkel gehörte auch zur Flugerprobung der »Hornet«-Vorserienflugzeuge und zwar übernahm der sechste F/A–18 Prototyp diese, vom fliegerischen Standpunkt aus gesehen, schwierigste Testphase. Dabei erreichte das FSD-Flugzeug – unter Beibehaltung einer Vorwärtsgeschwindigkeit – für Augenblicke Anstellwinkel zwischen minus acht und plus 81 Grad. Grund für das

Gelingen solch extremer Manöver sind die LEX, die den zur Versorgung der Triebwerke erforderlichen Luftstrom auch unter diesen Bedingungen in ausreichender Menge zu den Aggregaten leiten.

Obwohl, wie die Flugversuche zeigten, die »Hornet« praktisch trudelsicher ist, stürzte die sechste FSD-Maschine am 14. November 1980 ab. Die sofort eingeleitete Untersuchung – bei der Flugzeugführer des Herstellers und der US Navy 110 Flüge durchführten – zeigten, daß lediglich eine außergewöhnliche Konstellation von Anstellwinkel und Triebwerkschub, wie zum Beispiel Anstellwinkel plus neunzig Grad, ein Triebwerk in Leerlaufstellung und ein Triebwerk mit Nachbrennerschub, einen solchen Zustand herbeiführen kann. Mittels des Bordcomputers sind solche Flugmanöver bei den Serienflugzeugen ausgeschlossen.

Das neunte Versuchsmuster, die FSD-Maschine Nummer acht, diente bevorzugt der Untersuchung verschiedener Bordsysteme, aber auch zur Ermittlung der Leistungsparameter. Hier zeigte sich, daß man den gegenüber der YF-17 gestiegenen Massen vor allem in Bezug auf die Steigleistung und die Höchstgeschwindigkeit Tribut zollen mußte. Allerdings hielten sich die Leistungseinbußen in vertretbaren Grenzen, wobei die Endgeschwindigkeit eines Jagdflugzeuges keine so entscheidende Rolle spielt, wie man dies allgemein annimmt. Dog-fights finden – wie die Auswertung zahlreicher Auseinandersetzungen zeigen – in der Regel bei hohen Unterschall-Geschwindigkeiten und Flughöhen von bis zu 25000 Fuß statt. Supersonische Geschwindigkeiten werden in erster Linie dazu benutzt, um einen Gegner einzuholen, beziehungsweise um sich von ihm abzusetzen.

Der elfte – im März 1980 eingeflogene – Prototyp war für die Durchführung von elektromagnetischen Versuchen und zur Lösung von Wartungsfragen bestimmt. Erstmals fand dabei der graue »low-visibility« Sichtschutz-Anstrich Verwendung. Die übri-

gen Vorserienflugzeuge waren mit blauen – beim FSD Nummer 6 roten – Farbsegmenten auf den Seitenleitwerken, den LEX und den Tragflügeln gekennzeichnet.

Zum besseren Überblick sind nachfolgend alle FSD-Flugzeuge zusammengefaßt. Hierzu noch ein Hinweis auf die »Bureau of Aeronautics Number« (BuNo): Alle US Navy-Flugzeuge werden vom 1921 gegründeten Bureau of Aeronautics (der Luftfahrt-Abteilung der US Navy) erfaßt und mit einer BuNo versehen. Unsinnigerweise ging McDonnell-Douglas nach dem Bau des ersten Zweisitzers von einer durchlaufenden Nummerierung der FSD-Flugzeuge ab, und so wurde das achte Versuchsmuster zum FSD Nummer sieben, das neunte zum FSD Nummer acht und das elfte zum FSD Nummer neun.

Flugzeug Nummer 1 (FSD Nummer 1)
BuNo 160775
Hauptaufgaben: Untersuchung des allgemeinen Flugverhaltens und Flattertests. Das Flugzeug dient heute der NASA als »Ersatzteil-Spender«.

Flugzeug Nummer 2 (FSD Nummer 2)
BuNo 160776
Hauptaufgaben: Ermittlung der Leistungsparameter und Triebwerkversuche.

Flugzeug Nummer 3 (FSD Nummer 3)
BuNo 160777
Hauptaufgaben: Flugzeugträger-Einsätze und Untersuchung der Klimaanlage. Das Flugzeug gehört heute zum Inventar der NASA.

Flugzeug Nummer 4 (FSD Nummer 4)
BuNo 160778
Hauptaufgaben: Festigkeitstest mit Belastungen von bis zu 6 g sowie Fanghakenversuche. Auch diese »Hornet« steht im Dienst der NASA.

Flugzeug Nummer 5 (FSD Nummer 5)
BuNo 160779
Hauptaufgaben: Prüfung der Avionik und des Feuerleitsystems.

Flugzeug Nummer 6 (FSD Nummer 6) BuNo 160780

Hauptaufgaben: Erfliegen hoher Anstellwinkel und Erforschung des Trudelverhaltens. Es stürzte am 14. November 1980 ab.

Flugzeug Nummer 7 (TF-1) BuNo 160781

Hauptaufgaben: Untersuchung der grundsätzlichen Eignung der zweisitzigen Ausführung und Waffentests. Fliegt heute mit dem Original-Anstrich für die NASA.

Flugzeug Nummer 8 (FSD Nummer 7) BuNo 160782

Hauptaufgaben: Versuche mit Lenkwaffen und dem Feuerleitsystem. Ein weiteres NASA-Flugzeug.

Flugzeug Nummer 9 (FSD Nummer 8) BuNo 160783

Hauptaufgaben: Schießversuche mit der Bordkanone, Untersuchung und Optimierung verschiedener Bordsysteme. Auch dieses Versuchsmuster befindet sich bei der NASA.

Flugzeug Nummer 10 (TF-2) BuNo 160784

Hauptaufgaben: Beschleunigungstest der Triebwerke sowie Demonstrationsprogramme. Absturz am 8. September 1980 in Farnborough (GB).

Flugzeug Nummer 11 (FSD Nummer 9) BuNo 60785

Hauptaufgaben: Elektromagnetische Versuche und Lösung von Wartungsproblemen.

Die vielfältigen Schwierigkeiten, die im Laufe der Flugerprobung auftraten, führten zu einer außergewöhnlichen Belastung der Flugzeugführer, die in kürzester Zeit 3257 Flüge zu absolvieren hatten. Aus diesem Grunde wurde an sechs Tagen in der Woche in einem Zwei-Schichten-Betrieb geflogen. Aber auch die Techniker waren voll ausgelastet. Bis zum Anlaufen der »Hornet«-Serienfertigung mußten zahlreiche Modifikationen durchgeführt werden, wobei diese Arbeiten unter dem Stichwort »Hornet Hustler Programm« liefen.

Die »Hornet« als Trouble-Maker

Im Rahmen eines zwischen Northrop und McDonnell-Douglas getroffenen Abkommens wurde festgelegt, daß Northrop dreißig Prozent der Entwicklungstätigkeit an der »Hornet« übernimmt und am Bau des Flugzeuges mit vierzig Prozent beteiligt wird. Ferner wurde vereinbart, daß McDonnell Douglas den Verkauf der Trägerversionen des Flugzeuges einschließlich sämtlicher Auslandsaufträge durchführt. Dabei ging man davon aus, daß neben den USA allenfalls Frankreich – das einen Nachfolger für seine F-8(FN) »Crusader«-Bordjäger benötigte – als potentieller Abnehmer in Frage kam. Als Ausgleich für diese Vereinbarung wurde Northrop die Ableitung einer landgestützten »Hornet«-Version zugebilligt, bei der die Firmen die Rollen in Bezug auf die Fertigung und den Vertrieb tauschen wollten.

Unter der Bezeichnung F-18L (L für Land) entstand Mitte der Siebziger ein entsprechendes Flugzeug. Gegenüber dem Standard-Modell konnte dabei nicht nur auf die für Trägerflugzeuge erforderliche Sonderausstattung wie Katapultbeschläge und Faltflügel verzichtet werden, es ließ sich auch ein leichtes Fahrwerk, dessen Bugbereifung aus nur einem Rad bestand, einbauen. Die dadurch erzielten Gewichtseinsparungen von rund einer Tonne kamen der Erweiterung der Kraftstoffkapazität, beziehungsweise der Kampfmittelzuladung zugute. Dies führte dazu, daß die F-18L einen fünften Rumpftank erhielt und auf den Einbau einer Luftbetankungsanlage verzichtet wurde. Die Möglichkeit, eine Reihe von Luft-Luft-Lenkwaffen wie »Sparrow« oder »Sky-Flash« von den Flügelspitzen-Stationen einsetzen zu können, sollte die Absatzchancen des Musters ebenso verbessern wie der Anbau einer zusätzlichen Außenstation unter jedem Tragflügel. Hinsichtlich der Radar-Ausrüstung zeigte sich das Unternehmen flexibel. So war auf Kundenwunsch auch der Einbau des leichteren APG-66, das im übrigen von der F-16 verwendet wird, möglich.

F/A-18L DESIGN CHARACTERISTICS

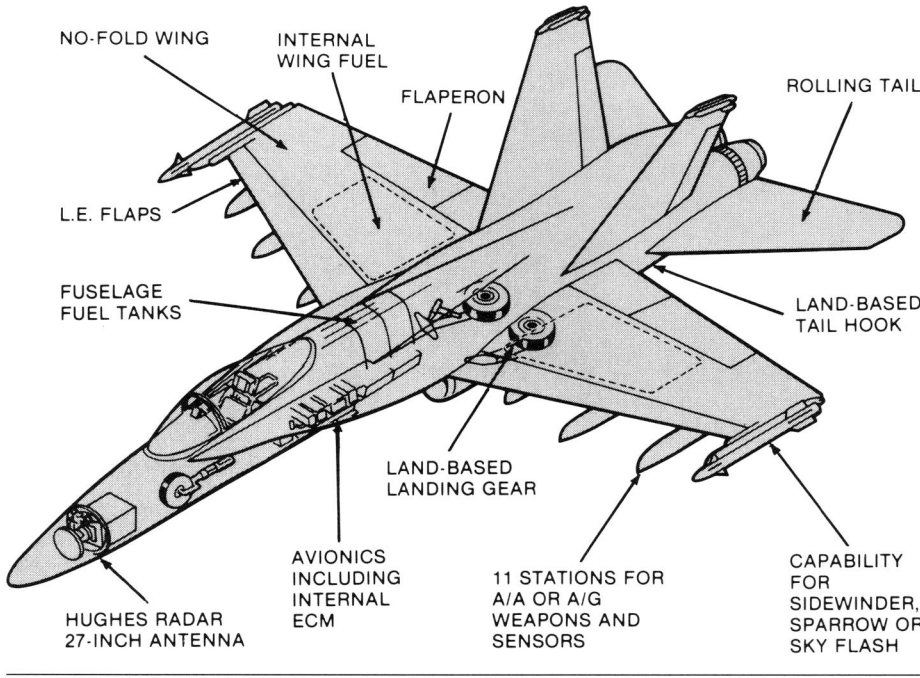

NO-FOLD WING

INTERNAL WING FUEL

FLAPERON

ROLLING TAIL

L.E. FLAPS

FUSELAGE FUEL TANKS

LAND-BASED TAIL HOOK

LAND-BASED LANDING GEAR

AVIONICS INCLUDING INTERNAL ECM

11 STATIONS FOR A/A OR A/G WEAPONS AND SENSORS

CAPABILITY FOR SIDEWINDER, SPARROW OR SKY FLASH

HUGHES RADAR 27-INCH ANTENNA

Kanada entschied sich gegen die Northrop F-18L und für die McDonnell Douglas F/A−18.

Die Reduzierung der Massen brachte eine dementsprechende Leistungssteigerung mit sich. So errechneten die Northrop-Ingenieure eine gegenüber der F/A−18 um 25 Prozent verbesserte Beschleunigung sowie eine um zehn Prozent vergrößerte Reichweite.

Weitere Änderungen gegenüber der Basis-Version betrafen die Querruder und Landeklappen, die durch eine neue Klappe, die beide Funktionen übernehmen sollte, ersetzt wurde. Von der als »flaperon« bezeichneten Klappe erwartete man eine nochmalige Steigerung der Rollrate um acht Prozent.

Aufgrund von Marktanalysen rechnete Northrop mit einem Absatz von bis zu zweitausend Flugzeugen. Tatsächlich schien sich frühzeitig ein erster Erfolg abzuzeichnen. Der Iran interessiert sich nach der Vorstellung der F-18L-Attrappe brennend für das neue Muster und bekundete seine Absicht, 250 Exemplare zu erwerben.

Der damalige US-Präsident Jimmy Carter untersagte jedoch 1977 den Verkauf. Da die »Hornet« noch nicht in Dienst gestellt war, wollte man ein so modernes Flugzeug, wie es die F-18L darstellte, noch nicht für den Export freigeben.

Nach und nach zerschlugen sich so Northrops Vorstellungen bezüglich einer F-18L-Serienfertigung und letztlich gab das Unternehmen das Projekt vollständig auf. Während die Hoffnung, mit dem neuen Fighter das große Geschäft zu machen dahinschmolz, kühlte auch die Freundschaft zwischen Northrop und McDonnell-Douglas zunehmend ab. Mehr noch: Im Jahre 1979 kam es zum offenen Streit. Auslösend war eine Entscheidung der kanadischen Streitkräfte, die zunächst die F-18L als Nachfolger für ihre »Starfighter« favorisierte, sich letztlich jedoch für den Kauf der Navy-Version F/A−18 entschied. Northrop fühlte sich übervorteilt und sandte McDonnell-Douglas eine Klage über vierhundert Millionen US-Dollar ins Haus. Neben Betrug und unlauterem Wettbewerb warf man dem Partner unter anderem Werk-Spionage vor. MCD konterte mit einer im Tenor ähnlichen Gegenklage. Erst 1985 gelang es, eine gütliche Einigung zu erzielen. Danach zahlte McDonnell-Douglas zum Erwerb sämtlicher Rechte an der »Hornet« 50 Millionen US-Dollar als Aufwandsentschädigung für geleistete Entwicklungsarbeiten an Northrop.

Nachdem das Pentagon am 28. Juni 1981 die Produktion der Jagdflugzeug-Variante freigegeben hatte, machte sich von verschiedenen Seiten zunehmend Kritik an dem Muster breit. Die vielen Mängel, die die Flugerprobung offenbart hatte, blieben der amerikanischen Öffentlichkeit, die sich traditionell in stärkerem Maße für die Waffensysteme ihres Landes interessiert als dies zum Beispiel in Deutschland der Fall ist, nicht verborgen. Gleichzeitig zeichnete sich überdeutlich ab, daß die »Hornet« keineswegs die angestrebte preiswerte Ergänzung zur F-14 »Tomcat« war, sondern mit einem Ende 1982 errechneten

Stückpreis von 22,5 Millionen US-Dollar das Paradepferd der US Navy überflügelte – zumindest was den Preis anbetraf.

Der Widerstand, den die A–7 »Corsair II« Piloten des Marine Corps dem Muster entgegenstellten, griff auch auf die Flugzeugführer der US Navy über. Ebenso wie das Marine Corps, das eine Überlastung durch die Übernahme einer Doppelrolle befürchtete, war man nun auch bei der US Navy – unter Hinweis auf die Doppelsitzer F-14 und A-6 »Intruder« – besorgt darüber, daß das einsitzige Flugzeug den Piloten überfordern könnte. Ein zweisitziger Jäger, bei dem das zweite Besatzungsmitglied, der RIO (Radar-Intercept-Officer), sich auf den Einsatz der Waffen und der Flugzeugführer auf die reinen fliegerischen Aufgaben konzentrieren konnte, wurde bevorzugt.

Die Einwände halfen indes nichts, die Würfel waren zugunsten der »Hornet« gefallen, die Probleme damit allerdings noch immer nicht beseitigt. Gemäß dem geplanten Fertigungsablauf erfolgt die Endmontage des Flugzeuges im McDonnell-Stammwerk in St. Louis, wobei Northrop mit dem Zentralrumpf das größte Einzelbauteil liefert. Gerade diese Baugruppe bereitete bereits bei der Erstellung der Vorserienflugzeuge viel Kopfzerbrechen. Für die Herstellung des Zentralrumpfes veranschlagte Northrop 67500 Mannstunden, tatsächlich wurden dann aber 147900 Mannstunden benötigt. Der Grund dafür lag in der sehr komplexen Bauweise mit vielen tragenden Teilen und dem Auftreten von Brüchen in den Rumpf-Schotten. Dieser Mangel konnte erst nach der Durchführung von zweihundert Änderungen behoben werden.

Auch der Anlauf der Serienproduktion verlief nicht reibungslos. Von der Bestellung bis zur Auslieferung einer »Hornet« vergehen im Durchschnitt 44 Monate. Die lange Lieferzeit ist unter anderem auf die Zubehör-Industrie zurückzuführen. So benötigen General Electric und Hughes für die Lieferung eines

F404 Triebwerkes und eines APG-65 Radars 26 beziehungsweise 29 Monate.

Während die Serienfertigung langsam in Schwung kam, begann ab Ende 1981 die sukzessive Zuführung des Musters bei den Versuchseinheiten VX–4 »Evalutors« (Jagd) und VX–5 »Vampires« (Angriff). Aus diesen Verbänden entstand die »OPEVAL« (Operational Test and Evalution), die die Einsatztauglichkeit der F/A–18 ab dem 5. Oktober 1982 in 1232 Einsätzen bei 1648 Flugstunden mit zehn Flugzeugen – darunter zwei Zweisitzer – sowie vierzehn Flugzeugführern untersuchte. Die »Hornets« wurden dabei von verschiedenen Landbasen, aber auch vom Flugzeugträger USS »Constellation« aus eingesetzt.

Zuvor hatte das im kalifornischen Lemoore beheimatete Squadron VFA–125 »Rough Riders« mit dem Aufbau eines Ausbildungsbetriebes begonnen. Nachdem die Einheit am 10. März 1981 ihre erste Trainingsmaschine vom Typ TF-18 erhalten hatte, machten sich 32 Ausbilder daran, die Flugschüler –

Diese »Hornet« gehört zur Versuchseinheit VX–4 »Evalutors«.

Ein Zweisitzer des VFA–125 auf dem Träger USS Carl Vinson.

intern als »nuggets«, also kleine Goldstücke, bezeichnet – auf ihr neues Einsatzflugzeug vorzubereiten. Dabei gibt es zwei Arten von Schülern; zum einen die Neulinge und zum anderen die »alten Hasen«, die schon auf anderen Mustern geflogen sind.

Bevor ein »nugget« in das Cockpit einer »Hornet«

klettern darf, muß er einige Vorbedingungen erfüllen. Mindestens zweihundert Flugstunden sowie einige Trägerstarts und Landungen werden für die F/A–18-Ausbildung vorausgesetzt. Zunächst erfolgt eine Einweisung auf das Muster über eine computerunterstützte Instruktion, kurz CAI genannt (Computer Aided Instruction), dann in einem Cockpit-Trainer,

Nur mit »Sidewinder«-Übungslenkwaffen bestückt führt diese F/A–18A der »Rough Riders« einen von zahlreichen Trainings-flügen durch.

Im Rahmen der Flugzeug-
führer-Schulung ist der
Träger-Einsatz vorrangig:
hier eine »Hornet« auf dem
USS »Kitty Hawk«.

der von Gould Simulation Systems entwickelt wurde
und die Bezeichnung PTT trägt (Part Task Trainer).
Anschließend nimmt der Schüler in einem Hughes-
Flugsimulator Platz, der die Realität verblüffend
imitiert und unter anderem Tag- und Nachteinsätze
sowie Trägerstarts und -landungen simulieren kann
und die Bezeichnung OFT (Operational Flight Trainer) trägt.

Als nächster Schritt erfolgt die Ausbildung im Waf-
fensimulator WTT (Weapons Tactics Trainer), der
ebenfalls von Hughes geliefert wurde. Das System
besteht aus mehreren Einzelkabinen, die es den
Flugschülern ermöglichen, gegeneinander »Dog-

Fights« auszutragen. Es folgt schließlich eine detail-
lierte Einweisung auf das Muster, so daß der ange-
hende »Hornet«-Pilot nach sechs bis acht Monaten
und 125 Flugstunden die Schule verlassen kann.
Inzwischen ist die Umschulung kompletter Einheiten
abgeschlossen, wobei pro Jahr drei bis vier Verbände durch das Training geschleust wurden, so
daß sich die VFA–125 nun ganz auf die Anfänger-
Ausbildung konzentrieren kann, eine Aufgabe die
man sich seit Jahren mit dem Squadron VFA–106
»Gladiators« teilt. Beide Einheiten wurden ursprünglich als »Replacement Air Group« bezeichnet, heute
lautet ihr Name »Readiness Training Squadron«.

men Nachricht überraschte. Er vertrat die Ansicht, daß die US Navy durch ihre finanzielle Beteiligung an der F404-Entwicklung das Recht an den Bauzeichnungen des Triebwerkes erworben habe und nunmehr in der Lage sei, auch Pratt & Whitney in die Fertigung des zwei Millionen teuren Triebwerkes einschalten zu können. Auf diese Weise soll ein Wettbewerb zwischen den Firmen entstehen, mit einer Stabilisierung, vielleicht sogar Reduzierung des Triebwerk-Preises als Ziel. Derzeit lauten allerdings noch alle Aufträge auf General Electric und es bleibt abzuwarten, wie letztendlich dieses Thema abgehandelt werden wird.

Das Triebwerk bereitete jedoch auch als solches Probleme. Im Juni 1987 kam es zu einem weiteren Absturz infolge eines Triebwerkfehlers. Drei Ursachen wurden ermittelt:

– Triebwerk-Vibrationen führten zum Abbrechen der Verdichterblätter;
– bei einem Triebwerkbrand ist die Hitze so groß, daß sogar das Titangehäuse in Brand geraten kann;
– Druck und Hitze sind im Nachbrenner so enorm, daß es zu Brüchen im Nachbrenner-Gehäuse kam.

Mittels entsprechender Verstärkungen der Schwachstellen ließen sich die Mängel beseitigen. Zuvor hatte man bereits die Zelle der »Hornet« überarbeiten müssen. Im Sommer 1984 stellten Techniker bei der Routine-Überprüfung einer »Hornet« Risse in den Seitenleitwerksträgern fest. Der Jet hatte zu diesem Zeitpunkt rund vierhundert Flugstunden absolviert, eine sehr bescheidene Leistung, wenn man bedenkt, daß der Hersteller eine Lebensdauer von sechstausend Flugstunden errechnete und in statischen Versuchsreihen sogar zwölftausend Stunden erreicht wurden. Eine sofort eingeleitete Untersuchung der übrigen F/A–18 ergab, daß auch hier Risse vorlagen. Die US Navy »groundete« daraufhin ihre »Hornet«-Flotte und McDonnell-

Als erster Einsatzverband erhielt das VFM-314 des Marine Corps die »Hornet«.

Angeführt von einer zweisitzigen »Hornet« fliegen die mit Übungsbomben ausgerüsteten Maschinen des VFA–106 ihrem Ziel entgegen.

Als erster operationeller »Hornet«-Verband wurde das Fighter Attack Squadron VMFA–314 »Black Knights« des Marine Corps am 7. Januar 1983 für einsatzreif erklärt. Heute sind 36 Einheiten der US Navy und des US Marine Corps mit der F/A–18 ausgerüstet. Darüber hinaus findet die »Hornet« auch bei Sondereinheiten wie der »Test Pilot School«, dem »Naval Air Test Center« und der Kunstflugstaffel »Blue Angels« Verwendung. Der Einsatz bei diesen hochkarätigen Verbänden zeigt überdeutlich, welches Vertrauen das Muster inzwischen genießt. Bevor es allerdings so weit war, mußten weitere Schwierigkeiten aus dem Weg geräumt werden.

Die Kostenfrage beschäftigte nach wie vor die US Navy, deren Sekretär John F. Lehman jun. im September 1984 General Electric mit einer unangeneh-

Douglas setzte vierhundert Fachleute zur Ursachenermittlung ein. Wie die Untersuchungen zeigten, gingen von den LEX Wirbel aus, die zu ultra-hohen Vibrationen von vierzig bis sechzig Schwingungen pro Sekunde führten, die auf die Seitenleitwerke trafen und diese stark belasteten. Abhilfe brachte die Anbringung von Metall-Streifen, die an die Seitenleitwerke genietet wurden. 250 Techniker führten die 25 Millionen teure Umrüstungsaktion aus, obwohl es sich lediglich um eine Interims-Maßnahme handelte: Die Metall-Streifen hielten allenfalls zweitausend Flugstunden aus, und auch das Rumpfheck neigte zur Rißbildung. Es mußte ein Weg gefunden werden, die LEX-Wirbel an den Seitenleitwerken vorbeizuführen, ohne die Wirksamkeit der Seitenruder zu beeinflussen. Im Windkanal wurden rund fünfzig verschiedene Möglichkeiten unter-

sucht. Letztlich entschied man sich für einen LEX-»Zaun« – 82 Zentimeter lang und 21 hoch – der auf der Rumpfoberseite befestigt wurde.

Die Betreiber befürchteten von dieser Maßnahme eine Verschlechterung der Flugeigenschaften, insbesondere eine Tendenz zum Trudeln. McDonnell Douglas Chef-Testpilot F. Alan Frazier führte daraufhin 45 Versuchsflüge durch, dabei erreichte er dreitausend verschiedene Kombinationen von Geschwindigkeit, Flughöhe und Anstellwinkel, ohne daß irgendwelche Probleme auftraten. Im Gegenteil, die LEX-»Zäune« tragen sogar zur Verbesserung der Flugeigenschaften bei hohen Anstellwinkeln bei.

Nach diesem Umbau konnte die »Hornet« endlich als das angesehen werden, was sie heute ist – als der würdige Nachfolger der legendären F-4 »Phantom II«.

Die Baureihen A bis F

Vor der Produktionsaufnahme der »Hornet« hatte man noch die Notwendigkeit gesehen, die Jagd- und Angriffsversionen des neuen Flugzeuges separat zu fertigen. Ein Analyse beider Modelle zeigte jedoch, daß die Baureihen F-18 und A–18 zu 98 Prozent identisch waren, wobei die Abweichungen lediglich die Funkausrüstung, die Cockpit-Instrumentierung und die Waffenstationen betrafen.

Es war also naheliegend die beiden Versionen aus Kostengründen einander anzupassen, so daß sie auf einer Fertigungsstraße produziert werden konnten. Demzufolge wurde das Rollkartengerät der Angriffs-Version vom Fighter übernommen, die Funkanlage hingegen auf die Bedürfnisse der US Navy und des Marine Corps abgestellt.

Die Einrichtung von Waffenmulden an den Unterseiten der Lufteinläufe ermöglichte nun die wahlweise Mitführung von »Sparrow«-Luft-Luft-Lenkwaffen in der Jagdflugzeug-Konfiguration oder von Außenbehältern, die Infrarot-Sensoren (Forward-looking Infrared, FLIR) oder Laser-Zielverfolgungsgeräte aufnehmen und die von den Angriffs-Flugzeugen benötigt werden.

Endprodukt der Anpassungsmaßnahmen war die F/A–18A. Diese Bezeichnung konnte sich allerdings bei den Besatzungen nicht durchsetzen, sowohl bei der US Navy als auch beim Marine Corps spricht man das Flugzeug als F-18 an. Ausgestattet mit zwei General Electric F404-GE-100 Triebwerken, die einen Nachbrenner-Schub von 71,2 kN (7258 Kilopond) abgeben, erreicht das A-Modell eine Höchst-geschwindigkeit von mehr als Mach 1,8 (1915 km/h). Bei einem maximalen Abfluggewicht von 22238 Kilogramm entfallen 7710 Kilogramm, also mehr als ein Drittel der Gesamtmasse, auf Außenlasten, die sich aus Lenkwaffen, Bomben und Zusatztanks zusammensetzen können.

Aufgrund der mit den FSD-Flugzeugen gewonnenen Erfahrungen war es möglich, die Serienflugzeuge gegenüber den Prototypen so zu verbessern, daß diese – wie die nachfolgende Tabelle zeigt – die in der Ausschreibung »VFAX« geforderten Leistungen erreichten.

	VFAX	F/A–18A
Höchstgeschwindigkeit (ohne Nachbrenner)	Mach 0.98	Mach 0.99
Beschleunigung von Mach 0,98 auf Mach 1,6	80–100 Sekunden	88 Sekunden
Dienstgipfelhöhe	13716–15240 m	15026 m
maximale Belastung	bis 7,5 g	bis 7,5 g
Dauerbelastung	bis 5,5 g	bis 6,6 g
Steigleistung mit einem Triebwerk	152 m/s	172 m/s
geringste Anfluggeschwindigkeit bei Windstille	213–231 km/h	242 km/h
Eskort-Radius mit normaler Zuladung	740–833 km	768 km
Kampf-Radius mit normaler Zuladung	1018 km	1213 km

Die anfängliche Skepsis, mit der die Einsatzverbände der »Hornet« begegneten, wurde schon bald abgelegt. Gegenüber den Standardmustern F-4 »Phantom II« und A–7 »Corsair II« kann die F-18 mit

Die »Hornet« mit zwei ihrer Vorgänger. Rechts die A–6, in der Mitte die A–7.

Die Formgebung der LEX fallen bei diesem Foto besonders auf.

zahlreichen Vorteilen aufwarten. Das allwettertaugliche Kampfflugzeug verfügt über modernste Systeme, die weniger störanfällig sind und auch weniger Wartung bedürfen. Dies hat natürlich Auswirkungen auf das Bodenpersonal, da weniger Techniker mehr Flugzeuge warten können. Gerade dieser Gesichtspunkt ist für den Trägereinsatz – mit seiner räumlichen Enge – von Bedeutung. Das Platzproblem ist im übrigen einer der Gründe, warum ein Mehrzweckmuster von den Planern der US Navy bevorzugt wird.

Auch die Systemsicherheit stieg gegenüber den Vorgängern deutlich an. So vergehen bis zum Auftreten eines Fehlers bei der »Hornet« im Durchschnitt drei Stunden, während bei der »Phantom II« und der »Corsair II« in der Regel eine Störung pro Flugstunde zu verzeichnen ist. Auch im Bereich der Avionik wurden augenfällige Fortschritte erzielt. Das Radar der F-14 »Tomcat« besteht beispielsweise aus 27000 Teilen, die Fehlerquote liegt bei 8,2 Betriebsstunden. Das APG-65 der »Hornet« weist nur noch 14000 Teile auf und die MTBF (Zeitraum zwischen Fehlern) konnte auf hundert Stunden verbessert werden.

Neben diesen, für die Einsatzbereitschaft des Flugzeuges wichtigen Aspekten, ist die Verwundbarkeit der Maschine von Bedeutung. Durch eine Reihe von gezielten Maßnahmen – dazu gehört unter anderem das Ausschäumen der Tankanlage – waren auch hier Verbesserungen möglich. In Zahlen ausgedrückt beträgt die Verwundbarkeit im Vergleich zur F-4 und A–7 nur 28 Prozent.

Inzwischen hat die »Hornet« die A–7 bei der US Navy vollständig abgelöst. Als letzte Einsatzverbände trennten sich die VA–46 und VA–72 formal im Mai 1991 von dem Muster, das ab 1966 in 991 Exemplaren an die US Navy geliefert worden war und eine Bilanz von mehr als vier Millionen Flugstunden und etwa 410000 Decklandungen aufzuweisen hat. Rund fünfzig Maschinen befinden sich zur Zeit noch für Sonderaufgaben bei Spezial-Einheiten wie der VX–5 in China Lake.

Von Anfang an hatte man an eine zweisitzige Ausführung der »Hornet« gedacht. Die zunächst als TF-18A bezeichnete Baureihe wird heute als F/A–18B geführt. Der Einbau eines zweiten, bis auf die Blickfeldanzeige (HUD, Head-up Display), voll instrumentierten Cockpits führte zu einer Reduzierung des Tankvolumens um sechs Prozent und einer entsprechenden Reichweiten-Einbuße. Ansonsten verfügte diese Version, deren Kabinendach neu zu entwerfen war, über die volle Kampftauglichkeit.

Kaum war die »Hornet«-Fertigung angelaufen, da verlangten die Militärs bereits Verbesserungen, die in erster Linie die Einsatzfähigkeit des Musters bei Nacht erhöhen sollten. Es entstanden daraufhin die Serienmodelle F/A–18C und F/A–18D, wobei letzteres als Doppelsitzer ausgelegt ist.

Das erste C-Flugzeug startete am 3. September 1986 von St. Louis aus zum Jungfernflug, der unter der Führung des McDonnell-Douglas Testpiloten Glen Larson stand. Änderungen gegenüber der Basisversion ergaben sich vor allem bei der Avionik und der Triebwerkausrüstung, die nun aus dem F404-GE-400 besteht. Gegenüber dem Vorgänger war nur eine minimale Erhöhung der Nachbrennerleistung und zwar auf 71,25 kN (7264 kp) möglich, jedoch konnten der Kraftstoffverbrauch und die Beschleunigungwerte verbessert werden. Weitere Leistungssteigerungen ergaben sich mit der Einführung des F404-GE-402, das ab 1991 eingebaut wird und einen Nachbrennerschub von 78,66 kN (8015

kp) abgibt. Änderungen der Triebwerkabmessungen bedingten allerdings eine Verbreiterung des Rumpfhecks.

Elektronische Störgeräte, sogenannte Jammer, sollen die Überlebensfähigkeit der »Hornet« erhöhen. Schneller agierende und mit mehr Speicherkapazität versehene Bordcomputer tragen ihren Teil zur Kampfwertsteigerung bei. Zusätzliche, beziehungsweise stärkere Antennen – von denen viele um den Rumpfbug gruppiert sind – unterscheiden die F/A–18C äußerlich von der Standard-Ausführung.

Die umfangreiche wärmeempfindliche Avionik, zu der unter anderem ein Gerät gehört, das Schwerpunktänderungen, die auf den Kraftstoffverbrauch zurückzuführen sind, automatisch ausgleicht, bedingte eine leistungsstärkere Klimaanlage.

Waffenseitig sind die mit NACES-Schleudersitzen (Navy Aircrew Common Ejection Seat) bestückten C- und D-Versionen in der Lage, bis zu sechs der hochmodernen AIM-120 Luft-Luft-Lenkwaffen oder bis zu vier »Maverick«-Luft-Boden-Lenkkörper mitzuführen. Darüber hinaus ist der Rumpfbug des C-Modells für die Aufnahme eines Aufklärer-Paketes vorbereitet, wodurch sich das Einsatzspektrum des Jets deutlich erweitert.

Umfangreiche Waffentests wurden ab September 1986 mit der C-Baureihe durchgeführt, dabei wurde auch ein von Hughes entwickeltes Infrarot-System, das als TINS (Thermal Imaging Navigation Set) bezeichnet wird, erprobt. Das TINS stellt eine wesentliche Orientierungshilfe bei Nacht dar. Die Anlage projiziert ein fernsehähnliches Bild auf die Blickfeldanzeige des Flugzeugführers, der zusätzlich mit einer »Night-Vision«-Brille ausgerüstet ist. Farbbildröhren im Cockpit ermöglichen eine Abfrage sämtlicher relevanter Daten, wobei auch eine Farb-

bildkarte des überflogenen Geländes dargestellt werden kann.

Ab 1990 werden die F/A–18C mit dieser Sonderausrüstung abgeliefert, während die F/A–18D, die erstmals am 6. Mai 1988 vom Boden abhob, von vornherein die »Night-Attack«-Ausrüstung besaß.

Eine für die US Marines bestimmte Ableitung des D-Modells trägt die Bezeichnung F/A–18D+ oder auch D-Plus. Bei dieser Baureihe sind die Schubhebel der Triebwerke und die Steuersäule aus dem hinteren Cockpit ausgebaut; dafür stehen dem zweiten Besatzungsmitglied Waffenbedienschalter zur Verfügung.

Bereits vor Beginn der »Hornet«-Fertigung hatte die US Navy eine eigenständige Aufklärer-Variante des Flugzeuges als RF-18A gefordert, Kostengründe sprachen jedoch gegen den Bau der zweisitzigen, mit einem neuen Rumpfbug ausgestatteten Version. Damit war der Gedanke jedoch noch nicht ad acta gelegt. Am 15. August 1984 nahm mit der F/A–18A(R) – das R steht für Reconnaissance (Aufklärung) – ein fliegender Versuchsträger den Testbe-

Zunächst als TF-18A geführt, lautet die Bezeichnung des Zweisitzers nun F/A–18B.

trieb auf, der aus dem Umbau einer F/A–18A (BuNo 161214) entstanden war. An Stelle der M.61-Bord-kanone führte das Flugzeug eine Fairchild-Weston KA–99-Panorama-Kamera für niedrige und mittlere Flughöhen sowie einen AAD-5 Infrarot-Zeilenabta-ster mit. Hinzu kamen diverse Sensoren. Gegenüber dem Grundmodell mußte die Rumpfbug-Unterseite durch das Einfügen von Glasteilen abgeändert wer-den. Die gesamte Anlage war so ausgelegt, daß ein Ein- oder Ausbau binnen Stunden möglich war, so daß das Flugzeug jederzeit seine ursprünglichen Aufgaben übernehmen konnte.

Der Plan, 120 »Hornets« zu Aufklärern umzurüsten, und die RF-4B »Phantom II« Aufklärer des Marine Corps sowie die mit TARPS-Behältern versehenen F-14 Erkunder der US Navy abzulösen, blieb jedoch in der Schublade, statt dessen gelangte ab 1990 eine neue Aufklärer-Variante in den Serienbau, die zunächst als RF-18D bezeichnet wurde und aktuell die Kennung F/A–18D (RC) trägt.

Das zweisitzige Flugzeug entspricht weitgehend der Baureihe D. Es verfügt über einen der F/A–18A(R) ähnlichen Rumpfbug und eine Kamera-Ausrüstung, die dem jeweiligen Einsatzzweck angepaßt werden kann. Neu ist die Mitführung eines von der Firma Loran Defense Systems entwickelten, rund sieben-hundert Kilogramm schweren Radar-Behälters, der ein Seitenblick-Radar (Side-Looking Airborne Radar, SLAR) mit einer Reichweite von bis zu 90 Kilometer enthält. Mittels einer Datenverbindung kann das digitalisierte »Radar-Bild« direkt an eine bis zu 360 Kilometer entfernte Bodenstation über-mittelt werden. Es ist allerdings auch möglich, die Bilder vom zweiten Besatzungsmitglied auswerten zu lassen.

Anstelle des genannten Behälters kann die »Hornet« auch mit dem von der Control Data Corporation bezogenen »Advanced Tactical Air Reconnaissance System« (ATARS), also einem Aufklärer-Paket bestückt werden, das speziell für die Nacht-Aufklä-rung konzipiert wurde. Es handelt sich hierbei um eine Sensoren-Plattform, die behältermontiert ist.

Auch bei diesem System werden die Bilder nicht mehr auf einem Film festgehalten, sondern in digitaler Form gespeichert, so daß eine Direktübertragung an Bodenstationen möglich ist.

Im Rahmen der ersten Export-Aufträge entstanden Ableitungen aus den Basis-Modellen F/A–18A und F/A–18B, die sich nur in Details von den US-Serienflugzeugen unterscheiden. So verfügen die von den kanadischen Steitkräften erworbenen CF-18A und CF-18B (C für Canada) über einen in der linken Rumpfbugseite installierten Suchscheinwerfer, der eine Identifizierung anderer Flugzeuge bei Nacht ermöglichen soll. Ferner wurde das automatische Träger-Landesystem der »Hornet« gegen eine ILS-Anlage (Instrument-Landing-System) ausgetauscht und darüber hinaus verfügen die an der Nordflanke Kanadas eingesetzten Flugzeuge über eine dem Einsatzraum angepaßte Notausrüstung. Waffenseitig können die kanadischen »Hornets« neben der US-Standard-Bewaffnung den Raketenbehälter LAU-5003 mitführen.

Die an Spanien gelieferten EF-18A und EF-18B (das E am Anfang bezeichnet Espana, also Spanien) weisen nur minimale Unterschiede zu den US-Grundmodellen auf. So wurde unter anderem der Katapultstartausleger am Bugrad entfernt.

Die Australier verwendeten anfänglich die US-Kennung für ihre Flugzeuge, die sich in der Hauptsache durch einen Nacht-Landescheinwerfer und eine geänderte Funkausrüstung von ihren amerikanischen Vorbildern unterscheiden. Zwischenzeitlich ging man dazu über, die »Hornets« als AF-18A und ATF-18B zu kennzeichnen, wobei in diesem Fall A für Australien steht.

Unabhängig von der Einführung neuer Varianten und den Ableitungen aus den Basismodellen, begann man bei McDonnell Douglas mit der Entwicklung eines neuen Flugzeuges, das als »Super Hornet« oder auch »Hornet 2000« bezeichnet wird und mit Ausnahme der zwei F404-Triebwerke und der dop-

pelkieligen Auslegung nicht mehr viel Ähnlichkeit mit der F/A–18 aufweist.

Das Muster, das als Konkurrenz zum »Europa Fighter Aircraft« (EFA) entstand, zeichnet sich durch die Verwendung eines Delta-Tragflügels und Entenflü-

Der Aufklärer-Prototyp F/A–18A(R), der aus dem Umbau einer Serienmaschine entstand.

geln (Canards) aus. Besondere Aufmerksamkeit widmeten die Projekt-Ingenieure der Avionik des Flugzeuges. Neben dem neuen APG-71 Bordradar war der Einsatz einer in den Helm des Flugzeugführers integrierten Blickfeld-Anzeige vorgesehen.

Obwohl die »Super Hornet« in vier verschiedenen Varianten mit deutlich erhöhtem Kraftstoffvorrat angeboten wurde, konnte das Flugzeug nicht realisiert werden, so daß McDonnell Douglas neuen »Hornet«-Versionen besonderes Augenmerk schenkte.

Gegenwärtig geht die US Navy davon aus, daß die »Hornet« bis ins Jahr 2000 im Einsatz stehen wird. Gleichzeitig werden ältere Muster wie die F-14 »Tomcat« und die A–6 »Intruder« abzulösen sein, so daß dringend ein Nachfolger zu entwickeln ist. Aus diesem Grunde befaßt man sich derzeit mit der Konstruktion einer neuen »Hornet«-Variante, die als Ein- oder Zweisitzer unter den Bezeichnungen F-

Eine CF-18A, mit Bomben und Zusatztanks beladen.

Kanada erhielt insgesamt vierzig Flugzeuge der Baureihe CF-18B.

Die Spanier bezeichnen
ihre Einsitzer intern als
C.15.

18E beziehungsweise F-18F in den Serienbau gehen soll. Die neuen Baureihen werden nicht nur größer, sondern auch schwerer als ihre Vorgänger sein und dank eines um 86 Zentimeter verlängerten Mittelrumpfes und eines vergrößerten Tragflügels ein Drittel mehr Kraftstoff mitführen können.

Das gegenüber der F/A-18C um dreißig Prozent höhere Abfluggewicht bedingt die Verwendung stärkerer Triebwerke, die man in Form der F414-GE-400 von General Electric beziehen will. Der neue Antrieb verfügt über einen geänderten Fan, einen modifizierten Verdichter und eine optimierte Nachbrenner-Sektion. All diese Änderungen führen zu einem

Im einzelnen ergeben sich bei den Abmessungen und Gewichten folgende Änderungen:

	F-18E	F/A-18C
Länge (Meter)	18,31	17,07
Spannweite (Meter)	13,59	12,31
Höhe (Meter)	4,77	4,66
Flügelfläche (Quadratmeter)	46,45	37,16
Leermasse (Kilogramm)	13880	10455
Startmasse (Kilogramm)	29938	22328

Die ASTA erstellte
18 ATF-18B aus
Baugruppen, die aus den
USA angeliefert wurden.

erhöhten Luftdurchsatz, der seinerseits die Entwicklung neuer, rechteckiger Lufteinläufe erfordert. Die Leistungssteigerung ist dafür beträchtlich, gegenüber dem F404-GE-402 soll der Nachbrenner-Schub statt 78,66 kN (8015 Kilopond) dann 97,77 kN (10033 Kilopond) betragen.

Waffenseitig sind ebenfalls Verbesserungen vorgesehen. So wird die künftige »Hornet« über elf Außenstationen verfügen, die die ganze Bandbreite der zur Verfügung stehenden Abwurfwaffen und Lenkkörper mitführen können. Dank der wesentlich größeren Flügelflächen wird das Flugzeug eine geringere Landegeschwindigkeit und Flächenbelastung aufweisen, so daß ein höheres Landegewicht zulässig ist. Dies wiederum gestattet es den »Hornets«, mit Außenlasten auf den Flugzeugträgern landen zu können, während bisher sämtliche Waffen vor der

Landung abzusetzen waren. Während das Flugzeug als solches erhebliche Änderungen erfahren soll, will man beim Cockpit mit wenigen Modifikationen auskommen. Beispielsweise denken die Ingenieure derzeit nur über Verbesserungen beim zentralen Farb-Display und der Blickfeldanzeige nach.

Gegenwärtig rechnet man mit Programmkosten von 4,8 Milliarden US-Dollar. Falls der amerikanische Kongreß die erforderlichen Mittel bereitstellt, könnte mit einer Serienproduktion der neuen »Hornet« im Jahre 1999 gerechnet werden. Bis dahin wird die Fertigung der F-15 »Eagle« und der AV−8B »Harrier« in St. Louis ausgelaufen sein, so daß dem Programm auch eine beschäftigungspolitische Bedeutung zukommt.

Abseits aller Pläne für eine F-18E/F-Version ist McDonnell-Douglas bestrebt, die in der Serienfertigung befindlichen Baureihen ständig zu verbessern. Ab 1994 wird beispielsweise das APG-73 Radar anstelle des APG-65 eingebaut. Neben einer dreimal höheren Rechnerleistung zeichnet sich das Gerät durch mehr Speicherkapazität aus, so daß mehr Betriebsarten möglich sind.

Auch im Triebwerksbereich tat sich einiges. Die an Kuwait gelieferten »Hornets« besitzen bereits die F404-Triebwerke der »Enhanced Performance«-Version, die eine höhere Leistung im Luftkampf entwickeln und die künftig bei allen Serienmodellen installiert werden.

Sicherlich handelt es sich dabei nicht um die letzten Modifikationen, denn die »Hornet« besitzt alle Chancen, noch lange in der Produktion zu stehen. Neben den zur Zeit von der US Navy und dem Marine Corps fest bestellten 1157 Exemplaren sowie einer Reihe von Export-Aufträgen zeichnen sich weitere Inlands- und Auslandsaufträge ab; das Marines Corps plant zum Beispiel den Kauf weiterer 48 Flugzeuge.

Die leistungsstarke »Hornet« wird auch in Zukunft eine wichtige Rolle in der Planung der US Navy und des Marine Corps spielen.

Die »Hornet« im Detail

Auf die richtungsweisende Konstruktion der »Hornet« soll nachfolgend, beginnend mit dem 17,07 Meter langen Rumpf, der einen ovalen Querschnitt aufweist, näher eingegangen werden, wobei zunächst auf die Verwendung verschiedener Materialien hinzuweisen ist. Die Zelle der F/A–18 besteht zu 50,2 Prozent aus Alu-Legierungen, zu 15,5 Prozent aus Stahl, zu 13,2 Prozent aus Titan, zu 10,1 Prozent aus Verbundstoffen und zu elf Prozent aus weiteren Werkstoffen, wie zum Beispiel Kupfer.

Der aus Verbundstoffen gefertigte Radom, der zur Wartung des AN/APG-65 Radars von Hughes seitlich abgeklappt werden kann, bildet den Rumpfbug. Das Radargerät ist schienenmontiert und läßt sich zur Inspektion nach vorne ziehen.

Das Multifunktions-Radar APG-65, das in abgewandelter Form auch für den Jäger 90 vorgesehen war, bietet dem Flugzeugführer verschiedene Betriebsarten an und kann dementsprechend sowohl für den Kampfeinsatz als auch zu Navigationszwecken herangezogen werden.

Das Radar, dessen Wurzeln auf das APG-63 der F-15 »Eagle« zurückgehen, ist unter anderem in der Lage, im Such- und Zielverfolgungsbetrieb bis zu zehn Ziele gleichzeitig zu erfassen, von denen acht dem Piloten angezeigt werden können. Außerdem weist das System den Flugzeugführer auf das Ziel hin, das der »Hornet« als erstes gefährlich werden könnte. Daß das APG-65 für den Suchbetrieb auf große Entfernungen ebenso ausgelegt ist wie für die Hinderniswarnung, Seeüberwachung und Bodenab-

tastung, ist selbstverständlich. Aus dem Rahmen des üblichen fällt da schon eher die Möglichkeit der Radarstrahl-»Schärfung«, bei der störende Bodeneinflüsse, wie zum Beispiel Wellen, weitgehend ausgeschaltet werden. Auch die auf kurze Entfernung mögliche Schadenaufnahme mittels des Radars ist hervorzuheben. Hier übernimmt das digitale APG-65 im weitesten Sinne Aufklärerfunktionen.

Unmittelbar hinter dem Radargerät ist der für bis zu 570 Schuß ausgelegte Munitionsbehälter der M.61 »Vulcan«-Bordkanone angeordnet, deren sechs Rohre oberhalb des APG-65 liegen. Die Mündungsöffnung der Waffe befindet sich, eingerahmt von Gasabzügen, auf der Rumpfbug-Oberseite. Diese Montage gestattet es, die »Vulcan« mittels eines Heißgeschirrs relativ einfach aus- und einzubauen. Als nachteilig erwies sich jedoch die direkte Nähe zur Radareinheit, die einen außergewöhnlichen Schutz des APG-65 bedingte. Neben Rauch und Hitze waren es vor allem Schwingungen, die von der Bordkanone ausgingen. Tests mit den »Hornet«-Prototypen zeigten auf, daß das APG-65 bei Schießversuchen Belastungen von bis zu vierhundert g (!) aushalten mußte. Umfangreiche Änderungen der Waffeninstallation waren daher unumgänglich und führten schließlich zu einer auf deißig g reduzierten Beanspruchung. Rechts neben der »Vulcan« ist der einziehbare Tankstutzen des Luft-Nachbetankungs-Systems untergebracht.

Dahinter schließt sich das mit einer einteiligen Frontscheibe versehene Cockpit an. Auch das große Kabinendach, das nach hinten oben geöffnet wird und über eine Anti-Eis-Anlage und Regenabweiser verfügt, ist aus einem Stück gefertigt und bietet dem Flugzeugführer so eine fast störungsfreie Rundumsicht. Der Einstieg in das Cockpit erfolgt über eine ausklappbare Leiter, die in der Unterseite der linken LEX verstaut ist.

Zu Beginn der Serienfertigung kam der raketengetriebene Schleudersitz vom Typ Martin Baker US10S (Mk 10) zum Einsatz, der inzwischen dem NACES SJU-5/A wich, beziehungsweise im hinteren Cockpit dem SJU-6/A desselben Herstellers Platz machte. Als sogenannte Zero-Zero-Schleudersitze sind die genannten Katapultstühle für eine Rettung bei Höhe und Geschwindigkeit Null ausgelegt.

Das druckbelüftete und durch Triebwerk-Zapfluft beheizte Cockpit bietet je nach Baureihe einem oder zwei Piloten Platz. Bis zu einer Flughöhe von siebentausend Metern entsprechen die Druckverhältnisse einem Druck wie er in 2400 Metern Höhe herrscht. Dieser Wert ändert sich langsam mit zunehmender Flughöhe; in 15240 Metern entspricht er beispielsweise dem in 6096 Metern.

Die Cockpit-Instrumentierung sowie die Steuerorgane sind nach neuesten Gesichtspunkten konzipiert, wobei die Arbeitsentlastung des Flugzeugführers im Mittelpunkt der Überlegungen stand.

Während bei der »Phantom II« 1,74 und bei der F-15 0,29 Quadratmeter des Cockpits mit Instrumenten und Anzeigen bedeckt sind, benötigt man bei der einsitzigen »Hornet« nur noch eine Fläche von einem knappen Viertel Quadratmeter (0,22). Der wesentliche Grund für diese Reduzierung liegt in der Verwendung von drei Kathodenstrahlröhren, die im englischen als CRT (Cathode Ray Tube) bezeichnet werden. Sie sind V-förmig im Frontbereich des Cockpits angebracht und lösen die herkömmlichen Anzeigen ab. Der Einbau der Bildschirme sowie die Verwendung einer Blickfeldanzeige (Head-up Display, HUD) brachten dem Führerraum der »Hornet« den Beinamen »gläsernes Cockpit« ein.

Während die links oben angeordnete CRT im wesentlichen Warnfunktionen sowie die Waffenauswahl übernimmt, ist die rechts oben befindliche CRT der Radaranzeige und der Angriffsführung vorbehalten. Die in der Mitte unten montierte Bildröhre dient der Navigation und der Darstellung des Karten-Rollgerätes. Über Wahlschalter kann der Pilot jederzeit Einzelinformationen oder Menüs vom jeweiligen Monitor abrufen.

Obwohl beim Ausfall eines Bildschirmes ein anderer dessen Funktion übernimmt, stehen als »back-up«-Systeme die wichtigsten Anzeigen als Notbehelf

Eine gelungene Porträt-Aufnahme einer australischen »Hornet«.

unten rechts im Führerraum zur Verfügung. Ebenso wie die F-16 »Falcon« verfügt auch die »Hornet« über einen als HOTAS (Hands On Throttle And Stick) bezeichneten Bedienhebel, der mit der linken Hand betätigt wird. Neben der Triebwerk-Schubkontrolle lassen die im HOTAS-Hebel integrierten Druckknöpfe die Aktivierung weiterer Funktionen, wie zum Beispiel Funkverkehr, Luftbremsen-Steuerung, Flugzeug-Beleuchtung, Wahl der Radar-Ebene, Düppel- und Fackelausstoß und FLIR-Inbetriebnahme zu.

Die Steuerung des Flugzeuges erfolgt über die Steuersäule, die neben den Waffenschaltern unter anderem auch die Bugradsteuerung beinhaltet.

Der Raum unterhalb des Cockpits wird zur Unter-

bringung des mit zwei Rädern der Größe 22 × 6.6–10 bestückten Bugfahrwerkes genutzt. Mittels eines stabilen Hydraulik-Zylinders fährt die Einheit nach vorne ein. Zwei Klappen, deren rechte etwas größer ist als die linke, decken die Bugräder nach dem Einziehen ab. Eine dritte Klappe ist für die Abdeckung des Hydraulik-Gestänges und des Federbeines vorhanden, an dem sich der Landescheinwerfer, Zurrbeschläge und der Katapultausleger befinden. Die Steuerung des mit einer Flatterdämpfung versehenen Bugfahrwerkes ist auf zwei Arten möglich. Im »low mode« beträgt der Steuerwinkel plus/minus sechzehn Grad und im »high mode« plus/minus 75 Grad. Bei abgeschalteten Triebwerken sind die genannten Steuerarten deaktiviert.

Eine CF-18A bei der Inspektion.

Aus fertigungstechnischen Gründen ist das Cockpit für die Installation eines zweiten Sitzes vorbereitet, so daß die Fertigung der »Hornet«-Doppelsitzer ohne große Änderung des Produktionsablaufes möglich ist. Allerdings bedingt der Umbau eine Reduzierung des Treibstoffvolumens, da der vordere der ansonsten vier Behälter umfassenden Tankanlage entfernt werden muß.

Neben den Rumpftanks stehen Integralbehälter in den Tragflügeln und in den Seitenrudern zur Verfügung, wobei letztere die Funktion von Ausdehnungsbehältern übernehmen, durch die auch die Kraftstoff-Schnellablässe führen, deren Öffnungen sich in den Hinterkanten der Seitenleitwerke befinden. Die Innentanks der einsitzigen »Hornets« nehmen bis zu 4,99 Tonnen Treibstoff der Sorte JP-5 auf. Der Kraftstoff-Einfüllstutzen befindet sich in der linken Rumpfbugseite.

Das Heck der »Hornet« dient im wesentlichen zur Unterbringung der nebeneinander angeordneten, durch eine Titan-Wand getrennten General Electric F404-Triebwerke. Anfänglich gelangte die Version F404-GE-100, dann die Baureihe F404-GE-400 und nun das Modell F404-GE-402 zum Einbau, wobei die letztgenannte Ausführung einen Nachbrennerschub von 78,66 kN (8015 Kilopond) abgibt.

Das Zweiwellen-Zweikreis-Turbinen-Luftstrahltriebwerk (Turbofan) F404 wurde aus dem YJ101, das die beiden YF-17 antrieb, abgeleitet. Im Dezember 1976 führte der Prototyp des Triebwerkes erste Standläufe am Boden durch. Innerhalb weniger Monate konnten zehn weitere F404 in das Versuchsprogramm einbezogen werden, das sich über mehr als fünf Jahre erstreckte, wobei insgesamt vierzehn Triebwerke mehr als 14000 Stunden im Testbetrieb absolvierten. Noch vor Abschluß der Versuchsreihen begann mit dem Erstflug der »Hornet« die Flugerprobung des Antriebs, der gegenüber dem YJ101 folgende Unterschiede aufweist:

Das Fahrwerk der »Hornet« ist für Trägerlandungen besonders robust ausgelegt.

	YJ101-GE-100	F404-GE-400
Länge, m	3,68	4,02
max. Durchmesser, m	0,83	0,88
Triebwerk-Masse, kg	913	953
Luft-Durchsatz, kg/s	57,6	63,5
Nebenstrom-Verhältnis	0,25	0,34
max. Standschub in NN mit Nachverbrennung, kN	66,7	71,25
max. Standschub in NN ohne Nachverbrennung, kN	41,3	44,63

Die Entwicklung des F404 wurde entscheidend durch ein neues Bewertungssystem der US Navy geprägt. Galt bis dahin die Rangfolge:

1) Triebwerk-Leistung;
2) Triebwerk-Masse;
3) Triebwerk-Kosten;
4) Zuverlässigkeit und Instandhaltung;
5) Einsatzfähigkeit;

so war nun folgende Gewichtung zu beachten:

1) Einsatzfähigkeit;
2) Zuverlässigkeit und Instandhaltung;
3) Triebwerk-Kosten;
4) Triebwerk-Leistung;
5) Triebwerk-Masse.

Die Gründe für diese neue Beurteilung lagen in erster Linie in der komplexen, wartungsintensiven Bauweise von Strahltriebwerken sowie in der hohen Beanspruchung des Antriebs, wie er für die Militärfliegerei typisch ist. Ständige Schubwechsel in Verbindung mit verschiedenen Flugzuständen führten nicht nur zu vielen Triebwerk-Ausfällen, sondern auch zu einem raschen Verschleiß, der sich auf die Kostensituation auswirkte.

Letztlich konnte General Electric mit dem F404 jedoch ein Triebwerk in die Serienfertigung schik-

ken, das nach anfänglichen Schwierigkeiten zu einem vollwertigen Antrieb heranreifte, der den gestellten Anforderungen weitestgehend entspricht. Zu den Forderungen der US Navy gehört auch der rasche Triebwerkwechsel, was nichts anderes heißt, als daß der Austausch eines F404 maximal 21 Minuten dauern darf. Dank der Drei-Punkt-Befestigung des Antriebs werden heute sogar nur siebzehn Minuten benötigt.

Das Triebwerk weist folgenden Aufbau auf: In der Mitte der kreisrunden Eintrittsöffnung befindet sich ein nabenförmiger Körper. Die Leitschaufeln sind teils starr, teils beweglich ausgeführt. Der Luftstrom wird gesplittet. Während ein kleiner Teil durch den Bypass-Kanal zum Nachbrenner strömt und außerdem der Kühlung des Triebwerkes dient, wird die Hauptmasse dem dreistufigen Axial-Verdichter zugeführt, dem sich der Kompressor, der über sieben Stufen verfügt, und die Ring-Brennkammer anschließen. Es folgen zwei einstufige Turbinen. Den Abschluß bilden der Nachbrenner und die konvergent-divergent Schubdüse, deren Durchmesser hydraulisch verändert werden kann.

Die Triebwerke werden über Lufteinläufe an den Rumpfseiten versorgt. Dem jeweiligen Lufteinlauf ist eine Grenzschichtrampe vorgeschaltet, die einige Zentimeter vom Rumpf abgerückt ist und das Eindringen energiearmer Grenzschicht verhindern soll. Zusätzlich ist der hintere Bereich des Abscheiders mit zahlreichen Löchern versehen, durch die die restliche Grenzschicht abgesaugt wird. Zwischen Rumpf und Abscheider befindet sich die Stauluftöffnung für die Klimaanlage. Die Grenzschicht, die an diesem Einlauf vorbeiströmt, wird nach oben durch eine längliche Öffnung über die Tragflächen abgeleitet. Gleichzeitig soll die hier austretende Strömung die über die Tragflächen streichende Grenzschicht antreiben. In diesem Zusammenhang ist auf den Dachauslaß, der in der Oberseite des Lufteinlaufes integriert ist und über den überschüssige Luft sowie

Stars unter sich:
die »Hornet« als Kunstflug-
Jet im Dienst der
»Blue Angels«.

Big Sky: über der Weite Australiens.

Bei dieser Aufnahme ist
der Schriftzug VFA–86 auf
dem zentralen Zusatztank
hervorzuheben. Normaler-
weise bleiben die Tanks
unbeschriftet.

Das Foto demonstriert den
typischen Anstrich der
FSD-Flugzeuge.

Wie die Kennung am
Leitwerk beweist, handelt
es sich um die erste
EF-18A (C.15).

Die »Blue Angels« verwenden traditionell einen tief blauen Anstrich mit gelbgoldener Trimmung.

Ein Einsatztest mit der Luft-See-Lenkwaffe »harpoon«.

Australische »Hornets«:
von vorne nach hinten
Squadron 75, 77 und 3.

Die NASA 840 fliegt im
Rahmen des Sonderpro-
gramms »High Alpha«.

Endmontage der F/A-18A
und B-Modelle im
McDonnell Douglas
Stammwerk St. Louis.

Der Doppelsitzer TF-1.

Die Cockpit-Instrumentierung der F/A–18C.

Die Krümmung der LEX ist bei diesem Bild besonders auffällig.

ausgelegten Fahrwerkes erfolgt durch drei Klappen. Der für Trägereinsätze unentbehrliche Fanghaken ist unter dem Rumpfheck zwischen den Triebwerken angeordnet. Er übernimmt außerdem die Funktion eines Stoßfängers, der Beschädigungen des Rumpfhecks verhindern soll.

Das auffälligste Konstruktionsmerkmal der »Hornet« stellen die Verlängerungen der Flügelvorderkanten (Leading-Root Extensions, LEX) – die bis zum Rumpfbug reichen – dar. Die einem Doppel-Delta-Tragflügel ähnlichen Flügel-Strakes der F/A–18 wirken nicht nur als Leitflächen, die den Luftstrom konstant zu den Einläufen der Triebwerke führen, sie weisen außerdem aerodynamische Vorteile auf. Von den LEX gehen Wirbel aus, die sich bis über den gesamten Hauptflügel erstrecken und hier die Strömungsverhältnisse günstig beeinflussen, so daß Strömungsabrisse im Bereich der Flügelspitzen auch bei hohen Anstellwinkeln weit hinausgezögert werden.

Die als Hybridflügel bezeichneten Tragflächen der »Hornet« sind in der Mitteldecker-Bauweise montiert und in Mehrholm-Bauweise gefertigt. Sie weisen eine Spannweite von 12,31 Metern, eine Flügelfläche von 37,16 Quadartmetern und eine Vorderkanten-Pfeilung von 26 Grad auf. Die Flügelhinterkanten sind ebenso wie die Spitzen gerade ausgeführt. Das Dickenverhältnis nimmt von der Wurzel bis zur Spitze von fünf auf 3,5 Prozent ab. Die größte Flügeldicke beträgt 10,16 Zentimeter. Zur Verbesserung der Landeeigenschaften und der Manövrierfähigkeit verfügt der Jet über eine Nasenklappe, die mittels einer Drehwelle betätigt wird und auf bis zu dreißig Grad abgesenkt werden kann.

Die Hinterkante des mechanisch auf hundert Grad faltbaren Tragflügels wird von einem Querruder und

die hier verlaufende Grenzschicht-Strömung abgelassen werden, hinzuweisen.

Die »Hornet« verfügt über Pitot-Lufteinläufe[1], die sich durch eine einfache Bauweise, die ohne aufwendige Verstelleinrichtungen auskommt, auszeichnen. Da sich dieser Einlauf-Typ nur für Geschwindigkeiten von bis zu Mach 2 eignet, findet er bei schnelleren Kampfflugzeugen wie der F-14 »Tomcat« keine Anwendung.

In den Unterseiten der Lufteinläufe befinden sich die Stauräume für das hydraulisch betätigte, geschleppte Hauptfahrwerk, das mit Bendix-Scheibenbremsen und einem Anti-Skid-System ausgestattet ist. Das Fahrwerk wird nach hinten eingefahren und dabei um neunzig Grad gedreht, so daß die 30×11.5–14.5 großen Räder, die beim Trägereinsatz mit 24,13 bar aufgepumpt werden, flach in den Fahrwerkkästen liegen. Die Abdeckung des für eine Sinkgeschwindigkeit von 7,40 Meter pro Sekunde

---

[1] Abgeleitet aus dem vom französischen Physiker H. Pitot (1695–1771) entwickelten rechtwinkelig gebogenen Staurohr, das zum Messen von statischen und dynamischen Drücken dient und in der Luftfahrt als »Pitotrohr« bekannt ist.

einer Wölbklappe gebildet. Beide Segmente sind mit Scharnieren an der Tragfläche befestigt und lassen sich hydraulisch auf bis zu 45 Grad setzen. Sämtliche Flügelklappen werden vom Bordcomputer gesteuert, so daß sich optimale Funktionen ergeben. Eine Spalt-Abdeckplatte oberhalb des Überganges vom Flügel zur Wölbklappe sorgt bei allen Klappenausschlägen für beste Strömungsverhältnisse. Die Aktivierung der Stellmotoren der Tragflächenklappen und des Leitwerkes erfolgt über ein quadruplexes »Fly-By-Wire«-System (FBW), dem aus Sicherheitsgründen »back-up«-Systeme angegliedert sind. Den Flügelklappen und den Seitenrudern steht eine elektrische Anlage zur Verfügung, während die wahlweise kollektiv oder differentiell gesteuerten Pendel-Höhenruder mit mechanischen Sicherheits-Systemen ausgestattet sind.

Die Vorderkanten-Pfeilung des Höhen- und des Seitenleitwerkes beträgt 41 beziehungsweise 43 Grad. Die beiden Seitenruder, die um zwanzig Grad nach außen abgewinkelt sind, verleihen dem Flugzeug eine ausreichende Richtungsstabilität, so daß auf eine Kielflosse verzichtet werden kann.
Zwischen dem zweikieligen Seitenleitwerk befindet sich eine Luftbremse, die hydraulisch aus der Rumpfoberseite nach vorne ausgefahren wird.
Wie alle modernen Kampfflugzeuge ist auch die »Hornet« mit einer »geballten Ladung« Avionik ausgerüstet. Ziel der Konstrukteure war es, trotz komplizierter »High Tech« ein möglichst wartungsfreundliches Flugzeug herauszubringen. In der Tat besticht die F/A–18 durch einige Lösungen, die diesem Wunsch entsprechen. So sind von den 307 Inspektionsklappen – mehr als die Hälfte davon verfügen

über Schnellverschlüsse – über neunzig Prozent ohne Hilfsmittel vom Boden aus zu erreichen.

Selbstprüfeinrichtungen (Built-in Test, BITE) zeigen sowohl dem Piloten als auch den Flugzeugwarten fehlerhafte Funktionen der Geräte an. Gestörte Baugruppen können dank Schnell-Trennstellen sofort ausgebaut und ersetzt werden.

Zur Avionik der US Navy-Maschinen gehört das »Automatic Carrier Landing System« (ACLS), das das Flugzeug bis zum Aufsetzen an den Flugzeugträger heranführt und so zu einer Reduzierung von Unfällen beiträgt. Immerhin gelten Landungen auf Flugzeugträgern auch heute noch zu den gefährlichsten Manövern in der Fliegerei. Die erste »ACLS«-Landung führte McDonnell Douglas Testpilot Pete Pilcher am 8. Januar 1982 mit einer F/A–18A durch. Bis zur Serienreife der Anlage erfolgten insgesamt 63 Landungen auf dem Träger USS »Eisenhower«.

Neben dem APG-65, auf das im Kapitel über die Waffen der »Hornet« weiter näher eingegangen wird, verfügt das Flugzeug noch über einen Radar-Warnanzeiger, elektronische Störeinrichtungen, Bordcomputer, einen digitalen Daten-Recorder, ein Freund-Feind-Kenngerät, zwei UHF-Sender/Empfänger, eine UHF-Datenverbindung, einen Flugschreiber, einen Funk-Höhenmesser und einen Beschleunigungsfühler, der mit dem Bordrechner in Verbindung steht und der eine Überlastung des Piloten und der Flugzeugzelle beim Fliegen spezieller Manöver, wie zum Beispiel Sturzflug, verhindern soll.

Für den Betrieb des Flugzeuges sind leistungsfähige Bordsysteme unerläßlich. An jedes Triebwerk ist daher ein AMAD (Airframe-Mounted Accessory Drive) angeschlossen, das einen Generator zur Stromerzeugung, eine Hydraulik-Pumpe (207 bar Leistung), eine Treibstoff-Pumpe und einen Turbinen-Starter antreibt. Jede Hydraulik-Pumpe versorgt zwei Kreise, so daß beim Ausfall eines Systems das Flugzeug weiterhin flugfähig bleibt.

Zwischen den AMAD-Getrieben befindet sich noch eine Garett-Gasturbine mit einer Leistung von 150 kW (200 PS). Die Hilfsturbine (APU, Auxilary-Power-Unit) dient dem Start der Triebwerke und der Stromversorgung bei abgeschalteten Triebwerken.

Der Strombedarf der »Hornet« ist im übrigen recht beträchtlich. Neben der Versorgung der gesamten Avionik ist auf die Positions-, Formations- und Warnlichter, die Cockpit-, Fanghaken-, Not- und Luftbetankungsstutzenbeleuchtung sowie das »Fly-By-Wire«-System und die Bugradsteuerung hinzuweisen, wobei Batterien im Notfall die lebenswichtigen Funktionen aufrecht erhalten.

Eine Nahaufname des »Hornet«-Hecks.

Harpoon, Maverick und Sparrow

Die Stacheln der Hornisse

Zur Erfüllung der Aufgabenstellung »Mehrzweckjäger« und »Angriffsflugzeug« benötigt die F/A–18 zum einen Außenträger, die eine Vielzahl unterschiedlicher Waffen und Behälter tragen können und zum anderen ein leistungsstarkes Radar, das über mehrere Betriebsarten verfügt.

Wenden wir uns zunächst dem digitalisierten AN/APG-65 Radar von Hughes zu, das zur Gruppe der Impuls-Doppler-Geräte gehört und über folgende Betriebsarten für den Luftkampf verfügt:

- Velocity Search (VS), Suchmodus für den Einsatz der AIM-7 »Sparrow«;
- Range While Search (RWS), Suchbetrieb bei großer Reichweite;
- Track While Search (TWS), bis zu zehn Ziele werden bei dieser Suchart erfaßt, wobei acht davon auf dem Radar-Display erscheinen;
- Raid Assessment Mode (RAID), Aussuchen von Zielen aus einer weit entfernten Formation von Angreifern.

Zur Arbeitsentlastung stehen dem Flugzeugführer im Luftkampf »Air Combat Maneuvering«-Wahlschalter (ACM) zur Verfügung, die zur automatischen Zielerfassung und -verfolgung dienen. Sie ermöglichen dem Piloten, sich weiter auf das Ziel zu konzentrieren, da das Radar die wichtigsten Daten auf die Blickfeldanzeige projiziert. Außerdem wird angezeigt, welche Waffen wann eingesetzt werden sollten. Für das Schießen mit der Bordkanone ist eine gesonderte Betriebsart zu wählen.

Neben den für den Luftkampf wichtigen Betriebsarten existieren noch eine Reihe von Funktionen für die Bodenabtastung. Hier kann der Flugzeugführer unter anderem auf die Methode des »Doppler Beam Sharping« (DBS) zurückgreifen; sie gestattet wahlweise eine 19- oder 67fache Bildvergrößerung bei einer maximalen Reichweite von 75 Kilometern. Darüber hinaus steht noch der »Synthetic Aperature Radar Mode« (SAR) zur Verfügung, der es erlaubt, bis zu neun mal achtzehn Meter große Detailausschnitte des Geländes auf eine Entfernung von 55 Kilometer zu erfassen. Außerdem weist das APG-65 Betriebsarten wie Bodenabstandsmessung, Meeresabtastung und Boden-Zielsuche auf.

Als »Attack-Plane« führt die »Hornet« bei Bedarf die behältermontierten Zusatzgeräte AN/AAR-50 TINS, AN/ASQ-173 und AN/AAS-38 mit. Während es sich beim TINS um ein Infrarot-Navigations-System handelt, dient das mit Kamera und Infrarot-Sensor bestückte AN/AAS-38 Kampfzwecken. Das AN/ASQ-173 stellt eine Kombination von Kamera und Laser dar, wobei der Laser zur Zielführung lasergesteuerter Waffen benutzt wird.

Neun Außenstationen stehen für die Mitführungen von Lasten bereit und zwar zwei Flügelspitzen-, vier Tragflügel- und drei Rumpfstationen. Während an den Flügelspitzen ausschließlich »Sidewinder« Luft-Luft-Raketen montiert werden, können die Tragflügelstationen und der zentrale Rumpfträger diverse Bomben, Lenkwaffen, Zusatztanks und Raketenbehälter mitführen.

Die an den Unterseiten der Lufteinläufe plazierten Außenträger dienen im wesentlichen zur Unterbringung von Sonderausrüstung wie dem TINS-Behälter

Die Aufnahme zeigt nur einen kleinen Teil der Waffen, die die »Hornet« mitführen kann: Zu beachten sind vor allem die anfangs häufig verwendeten Zusatztanks mit ovalem Querschnitt.

Für diverse Waffen und
Lasten stehen der »Hornet«
neun Außenstationen zur
Verfügung.

sowie der Luft-Luft-Lenkwaffe »Sparrow«.

Als Bomber kann die F/A–18 sowohl konventionelle Bomben, wie die 227 Kilogramm schwere Mk-82, die Mk-83 (454 Kilogramm) und die Mk-84 (908 Kilogramm), als auch die Nuklear-Bomben B43, B57 und B61 einsetzen. Hinzu kommen Spezial-Bomben in Form der BLUE-95, BLUE-96 und der CBU-30, um nur drei Möglichkeiten zu nennen. Typisch für den Einsatz von ungesteuerten Raketen sind die Behälter LAU-3 und LAU-32, die neunzehn bezie-hungsweise sieben 2,75-Zoll-Raketen aufnehmen. Wesentlich größere Bedeutung kommt jedoch – wie der Golf-Krieg gezeigt hat – den Lenkwaffen zu. Zur Gruppe dieser Waffen gehören auch laser-gesteu-erte Gleitbomben. Hierbei handelt es sich um späte Nachfahren der in Deutschland im Zweiten Weltkrieg entwickelten »Fritz X«, die vor allem bei der Bekämpfung von Schiffen im Mittelmeer große Erfolge erzielen konnte.

In den USA entstand bei Texas Instruments die

Im Rahmen der Operation »Desert Storm«, wie der Golf-Krieg auch genannt wurde, kam hauptsächlich die GBU-24 und die von Rockwell produzierte, 1140 Kilogramm schwere GBU-15 zum Einsatz, die wahlweise über eine TV- oder Infrarotsteuerung verfügt und Reichweiten von bis zu zehn Kilometer erzielt. Wesentlich komplexer und demzufolge auch teurer sind die von der F/A–18 verwendeten AGM (Air-to-Ground Missile). Zunächst ist hier auf die 366 Kilogramm schwere und 4,18 Meter lange AGM-88 HARM (High-Speed Anti-Radiation) hinzuweisen, die zur Bekämpfung von Radar-Stationen entwickelt wurde und die zur Lenkung die gegnerische Radar-Abstrahlung erfaßt.

Gegen Ende der Sechziger erschien mit der Hughes AGM-65 »Maverick« eine der erfolgreichsten Luft-Boden-Lenkwaffen des Westens. Am Anfang der Produktion stand die AGM-65A mit einem 57 Kilogramm schweren Gefechtskopf und TV-Steuerung, der die verbesserte AGM-65B folgte, von der mehr als dreißigtausend Exemplare gefertigt wurden und die sowohl in Vietnam als auch im Nahen Osten zum Einsatz gelangte. Dabei wurden hundert »Maverick« abgeschossen, von denen 87 ihr Ziel erreichten. Welche Bedeutung der AGM-65 inzwischen zukommt, zeigte sich während des Golf-Krieges, bei

Typenreihe »Paveway«, von der mittlerweile drei Generationen im Einsatz stehen. Die »Paveway I«-Serie umfaßt die Muster GBU-12 (227 Kilogramm) und GBU-10 (908 Kilogramm), während sich die »Paveway II«-Baureihe auf die GBU-16 (454 Kilogramm) beschränkt. Gegenüber der Basis-Serie verfügt diese Gleitbombe über ausklappbare Tragflächen, die als »flip-out wings« bezeichnet werden und die die Reichweite der Bombe erhöhen.

Um die antriebslose Waffe auch im Tiefflug effektiv einsetzen zu können, entstand mit der GBU-24 (454 Kilogramm), die zur »Paveway III«-Reihe gehört, eine Gleitbombe mit vergrößerten Klappflügeln. Außerdem ist ein digitalisierter Autopilot zur Stabilisierung der Flugbahn eingebaut.

Die Steuerung der Gleitbomben erfolgt in der Regel durch den von der »Hornet« mitgeführten Laser. Es ist aber auch möglich, die Kontrolle einem mitfliegenden anderen Flugzeug oder einer Bodenstation zu übertragen.

dem täglich rund hundert »Maverick« verschossen wurden. In diesem Konflikt setzten die US Navy und das Marine Corps die neuen Baureihen AGM-65D und AGM-65F – beide mit Infrarotsuchkopf – sowie die AGM-65E mit Lasersteuerung ein. Von den 307 Kilogramm des Fluggewichtes entfallen 135 auf den Kampfkopf. Die Reichweite beträgt bis zu 22 Kilometer.

Die australischen Luftstreitkräfte kauften mit der »Hornet« auch die zur See-Ziel-Bekämpfung entwikkelte McDonnell-Douglas AGM-84 »Harpoon«, die über eine Reichweite von rund 125 Kilometern verfügt, über ein Turbojet-Triebwerk angetrieben und radar-gelenkt wird. Unmittelbar vor dem Start erhält der Flugkörper Zielinformationen von an Bord des Trägerflugzeuges befindlichen Datensystemen. Die »Harpoon« geht dann im Tiefflug auf Zielkurs, wobei ein Radar-Höhenmesser die Lenkwaffen dicht über dem Wasser hält. In der letzten Phase des Angriffs übernimmt die in der AGM-84 befindliche Radarsteuerung die Kontrolle. Theoretisch ist die Mitführung von vier »Harpoon« möglich, da in dieser Konfiguration jedoch die Reichweite stark reduziert ist, führen die Australier und die US Navy nur zwei AGM-84 mit. Während der Kampfhandlungen mit Libyen im Jahre 1986 setzten F/A–18 die »Harpoon« erfolgreich gegen libysche Patrouillen-Boote ein.

Aus der AGM-84 haben die Techniker inzwischen eine Variante zur Bodenbekämpfung unter dem Kürzel SLAM (Stand-off Land-Attack-Missile) abgeleitet, die bereits mit der »Hornet« erprobt und von der US Air Force als AGM-84E übernommen wurde.

Für die Aufgabenstellungen »Standard Abfangjagd« und »verstärkte Abfangjagd« stehen der F/A–18 mit der M.61 Bordkanone und den Luft-Luft-Lenkwaffen »Sidewinder« und »Sparrow« drei seit Jahrzehnten bewährte Waffen zur Verfügung.

Die Entwicklung der nach dem Gatling-Prinzip kontruierten M.61 »Vulcan« geht bis auf das Jahr 1946 zurück, als die US Air Force eine zuverlässige Bord-

Nahaufnahme der Außenstationen mit Doppelträger.

kanone mit einem geringen Eigengewicht und minimalem Platzbedarf suchte. Über verschiedene Stufen und unter erheblichen »Kinderkrankeiten« konnte letztlich mit der M.61 eine zuverlässige Baureihe herausgebracht werden, die nicht mehr aus den Arsenalen der US-Streitkräfte wegzudenken ist und die bisher alle Nachfolger »überlebt« hat.

Erste Schußversuche mit der »Vulcan« führten FSD-»Hornets« 1979 durch. Die Schußleistung der mit sechs rotierenden Läufen ausgestatteten Waffe betrug dabei vier- und sechstausend Schuß pro Minute. Der maximale Munitions-Vorrat von 570 Patronen wurde sowohl in einem als auch in sechs Feuerstößen verfeuert.

Im Dezember 1979 führte McDonnell Douglas Testpilot Bill Lowe Versuche mit der AIM-9 »Sidewinder« durch, wobei eine Drohne des Typs BQM-34 als Ziel diente.

Ebenso wie die M.61 steht auch die AIM-9 seit

vielen Jahren in der Produktion. Die mit einem Infrarotsuchkopf ausgestattete Lenkwaffe ist für den Einsatz auf kurze Entfernungen – je nach Flughöhe bis zu 17000 Meter – konzipiert und erreicht Geschwindigkeiten von bis zu Mach 2,5. Die »Hornet« setzt mit den Baureihen AIM-9 L und M die sogenannte dritte Generation dieser Waffe ein, deren Manövrierfähigkeit und Infratrotsystem ständig verbessert wurde. Die Baureihen L und M weisen eine Länge von 2,87 Meter auf, das Gewicht des Sprengkopfes beträgt rund zehn Kilogramm.

Die Wurzeln der für mittlere Distanzen entwickelten, radargesteuerten AIM-7 »Sparrow« reichen hingegen bis in das Jahr 1947 zurück. Im Laufe der Zeit erschienen diverse Varianten mit gesteigerten Leistungen; so konnte die Reichweite der Basisversion von vierzig auf rund hundert Kilometer bei der von der »Hornet« eingesetzten AIM-7M erhöht werden. Gegenüber der AIM-9 fällt die Endgeschwindigkeit der 3,66 Meter langen Lenkwaffe mit Mach 4 wesentlich höher aus und auch der Gefechtskopf ist mit 39 Kilogramm deutlich schwerer.

Zum Trio der Standard-Waffen gesellte sich inzwischen die radargesteuerte AIM-120, die zur Kategorie der »feuern und vergessen« Lenkwaffen gehört und deren Flugbahn nach dem Abschuß weder überwacht noch korrigiert werden muß. Der seit 1985 in der Fertigung stehende Flugkörper ist 3,65 Meter lang und 152 Kilogramm schwer und ist leistungsmäßig mit der AIM-7 vergleichbar, jedoch wendiger.

Die »Hornet« ist in der Lage, je nach Aufgabenstellung verschiedene Kombinationen der genannten Lenkkörper mitführen zu können.

Bei Übungs-Bombenwürfen wird bevorzugt ein Tandem-Bombenträger, wie er hier zu sehen ist, installiert.

Wie erwähnt, erhielt die F/A–18 im Jahre 1986 ihre Feuertaufe bei Einsätzen gegen Libyen, wo den »Hornet«-Verbänden unter anderem die Aufgabe oblag, küstennahe Radar-Station mit AGM-88 HARM auszuschalten. Diese Missionen verblassen jedoch vor dem Hintergrund des Golf-Krieges.

Nachdem irakische Truppen am 2. August 1990 Kuwait besetzten, begann noch im selben Monat unter der Bezeichnung »Desert Shield« die Verlegung amerikanischer Soldaten und Kriegsgerät in die Golf-Region. Zu den Verbänden gehörten folgende Flugzeugträger und »Hornet«-Einheiten:

– USS »Midway« (CV–41)
VFA–151, VFA–192 und VFA–195;
– USS »Saratoga« (CV–60)
VFA–81 und VFA–83;
– USS »Ranger« (CV–61)
VFA-? und VFA-?;
– USS »Indepence« (CV–62)

Laser-Test: eine »Hornet« mit einem AGM-65 E »Maverick« Lenkkörper auf dem Weg zum Schießplatz des China Lake Naval Weapons Center im südlichen Kalifornien.

VFA–25 und VFA–113;
– USS »America« (CV–66)
VFA–82 und VFA–86;
– USS »Dwight D. Eisenhower« (CVN-69)
VFA–131 und VFA–133;
– USS »Theodore Roosevelt« (CVN-71)
VFA–15 und VFA–87.

Lediglich der Träger »John F. Kennedy« (CV–67)

hatte keine »Hornets« an Bord. Während die F-18 der US Navy sowohl für den Angriff als auch für die Luftverteidigung herangezogen wurden, übernahm das US Marine Corps mit vier »Hornet«-Verbänden ausschließlich Angriffsaufgaben, insbesondere bei der alliierten Landung in Kuwait-Stadt.

Im Rahmen der am 15. Januar 1991 gestarteten Befreiung Kuwaits, die, wie bereits erwähnt, den Namen Desert Storm trug, erzielten die US Navy

»Hornets« am 17. Januar mit »Sparrow« und »Sidewinder« zwei Luftsiege über irakische MiG-21. Durch gegnerische Bodenabwehr gingen zwei »Hornets« verloren, ein weiteres Flugzeug mußte nach einem Unfall abgeschrieben werden.

Auch die kanadischen Streitkräfte entsandten CF-18 an den Golf. Es handelte sich dabei um zwölf Flugzeuge der Squadron 409 (»Nighthawks«), die in Baden-Söllingen stationiert sind.

Welche Rolle die vorgenannten Waffen beim Konflikt spielten, ergibt sich aus einem Kommentar des US Air Force Sekretärs Donald B. Rice. Danach benötigte die USAF im Zweiten Weltkrieg neuntausend Bomben, um ein Ziel in Bunker-Größe zu treffen, in Vietnam waren es immerhin noch dreihundert und im Golf-Krieg nur noch eine einzige. Auch zu den Kosten äußerten sich die amerikanischen Luftstreitkräfte. Danach zahlte der Irak 1,3 Millionen US-Dollar für einen sowjetischen T–72 Panzer, während für eine AGM-65F »Maverick« lediglich siebzigtausend US-Dollar aufzubringen sind.

Insgesamt haben die Kampfeinsätze gezeigt, daß die »Hornet« die in sie gesetzten Erwartungen in jeder Hinsicht erfüllt. Allerdings stellt die noch nicht ganz befriedigende Reichweite des Musters nach wie vor ein Thema für Verbesserungen dar.

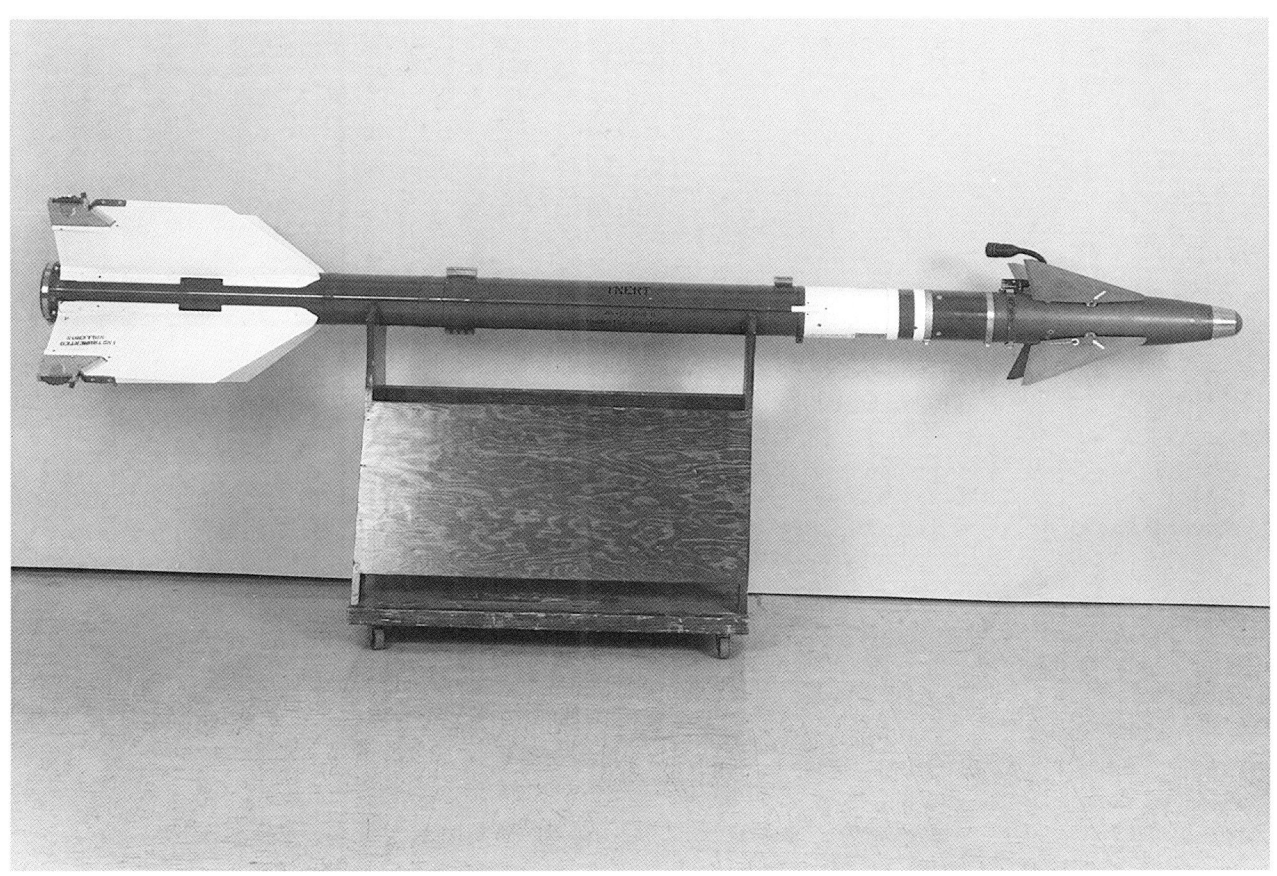

Die AIM-9 »Sidewinder« gehört mit über 180 000 Exemplaren zu den weltweit meist gebauten Lenkwaffen überhaupt.

Unter vielen Flaggen

Die »Hornet« und der Weltmarkt

Zunächst nur von der US Navy und dem US Marine Corps akzeptiert, konnte sich die »Hornet« nach und nach auch international behaupten. Nachfolgend soll der Werdegang des Flugzeuges bei den verschiedenen Nationen aufgezeichnet werden, wobei aus Gründen der Übersichtlichkeit eine alphabetische Reihenfolge gewählt wurde.

Australien

Der australische Verteidigungsminister Denis J. Killen gab am 20. Oktober 1981 bekannt, daß die Royal Australian Air Force (RAAF) beabsichtigt, 75 Flugzeuge des Typs McDonnell Douglas »Hornet«, aufgeteilt auf die Baureihen F/A–18A (57) und F/A–18B (18) zu erwerben, wobei die australische Luftfahrtindustrie weitestgehend in die Fertigung der Maschinen einbezogen werden sollte.

Im Klartext bedeutete dies, daß lediglich zwei Flugzeuge in den USA endmontiert wurden, während die restlichen »Hornets«, zum Teil unter Verwendung von Baugruppen aus dem Stammwerk, bei der Aerospace Technologie of Australia (ASTA[9]) entstehen sollten. Darüber hinaus wurde vereinbart, daß CAC Melborne 150 komplette Triebwerke sowie die Ersatzteile für 18 weitere F404 liefert.

Bevor am 17. Mai 1985 zwei F/A–18B auf dem Luftwege in Williamtown – dem Heimathorst des Umschulungsverbandes 2.OCU – eintrafen, war die Einweisung von sieben RAAF-Flugzeugführern auf das Muster in den Vereinigten Staaten erfolgt.

Die beiden Zweisitzer legten während des Überführungsfluges eine 12299 Kilometer lange Strecke in 15,2 Stunden zurück, dabei wurden die Flugzeuge dreizehnmal durch KC-10 Tanker der US Air Force nachbetankt.

Nachdem die GAF eine zerlegte »Hornet«, die mittels einer C-5 »Galaxy« nach Australien transportiert worden war, montiert hatte, begann die Serienfertigung des Musters und bereits am 3. Juni 1985 konnte die erste vollständig in Australien gebaute »Hornet« – eine F/A–18B – ihren Werkstattflug absolvieren.

Vier »Hornissen« während eines Übungsfluges.

98

Australien gehörte zu den ersten Nationen, die sich für die »Hornet« entschieden.

Während der Einführungsphase gab es einige Fehlfunktionen der eingebauten Selbstprüfeinrichtungen, so daß sich die Indienststellung des Musters etwas verzögerte. Inzwischen gehören solche Probleme der Vergangenheit an.

Im April 1990 konnte die Auslieferung der »Hornet« – die bei der RAAF die Mirage IIIO ablöste – abgeschlossen werden. Dabei sah es zunächst nach

erheblichen Verzögerungen aus. 1987 lag die monatliche Fertigungsrate bei einem halben Flugzeug, geplant waren anderthalb Maschinen. Enorme Anstrengungen machten es jedoch möglich, den Ablieferungstermin für das letzte Flugzeug sogar noch um zwei Monate zu unterschreiten. Insgesamt verschlang das Programm 5,5 Milliarden australische Dollar.

Noch während der Fertigung zeichnete sich für ASTA die Möglichkeit ab, 24 »Hornets« für die kanadischen Streitkräfte zu bauen. Gründe für die kanadische Anfrage lagen in den relativ hohen Unfallzahlen sowie dem Umstand, daß McDonnell Douglas die Baureihen A und B, auf denen die kanadischen Flugzeuge basierten, nicht mehr herstellte, während die australischen »Hornets« mit den CF-18 fast baugleich sind. Am Ende blieben diese Pläne jedoch im Anfangsstadium stecken.

Derzeit fliegen die Einsatz-Squadrons No.3, 75 und 77 sowie die Trainings-Einheit 2.OCU den Typ, außerdem wurde 1988 das bereits aufgelöste 76. Squadron wieder aufgestellt, um die Umschulung von Flugzeugführern auf die Muster F-18 und F-111

durchzuführen. Die wesentlichen Aufgabenstellungen der Einsatz-Verbände beinhalten Abfangjagd, Schiffbekämpfung und Bodenunterstützung.
Die Seriennummern lauten A21–101 bis A21–175.

Finnland
Die Überalterung der im Einsatz befindlichen Muster J 35 »Draken« und MiG-21 »Fishbed« führten Anfang der 90er zur Ausschreibung »DX«. Den finnischen Streitkräften wurden daraufhin die JAS 39 »Griepen«, Mirage 2000–5, MiG-29 »Fulcrum«, F-16 und nicht zuletzt die »Hornet« – die dann das Rennen für sich entschied – angeboten.
Die Finnen beabsichtigen, zwischen 1995 und dem Jahr 2000 insgesamt 64 Flugzeuge – 57 F/A–18C

Kanada erhielt bisher 138 Flugzeuge der Baureihen CF-18 A und B. Hauptunterschied zu den US-Modellen bildet der Suchscheinwerfer oberhalb des Bugradschachtes.

und sieben F/A–18D – zu übernehmen, wobei die Fertigung der Zweisitzer in den USA erfolgt. Die Baureihe C hingegen wird komplett in Finnland produziert. Hier erfolgt auch die Endmontage von 137 F404-GE-402 Triebwerken, deren Teile von General Electric bezogen werden.

Die Programmkosten belaufen sich auf rund drei Milliarden US-Dollar. Der Vertrag wurde im übrigen nicht zwischen McDonnell Douglas und der finnischen Valmet Aviations Industries, sondern zwischen den Regierungen geschlossen.

Als Ausgleich für den Auftrag übernimmt McDonnell Douglas den Vertrieb des Turboprop-Trainers Valmet L-90 »Redigo« in den USA. Außerdem richtet das Unternehmen ein Technologie-Zentrum in Finnland ein.

Frankreich

1989 erlaubte der französische Verteidigungsminister Jean-Pierre Chevenement die Decklandung zweier US-Navy »Hornets« auf dem Flugzeugträger »Foch«. Als Grund für die Versuche gab man an, prüfen zu wollen, inwieweit bei einem »Ernstfall« der Einsatz amerikanischer Bordflugzeuge vom französischen Träger aus möglich ist. Dassault-Breguet sah die Situation völlig anders. Es wurde befürchtet, daß sich McDonnell Douglas quasi durch die Hintertür Zugang zur französischen Flotte verschaffen wollte. In der Tat schien der Verdacht nicht unbegründet. Einerseits waren die vorhandenen F-8E(FN) der Aeronavale überaltert und andererseits war mit dem Einsatz der Dassault-Breguet »Rafale« in den nächsten fünf Jahren nicht zu rechnen. Außerdem hatten die französischen Marineflieger errechnet, daß eine von Dassault-Breguet angebotene Modernisierung der F-8-Flotte teurer würde als die Beschaffung von 15 gebrauchten »Hornets« aus Beständen der US Navy. In dieser Phase signalisierte McDonnell Douglas die Bereitschaft, in Zusammenarbeit mit Matra, diese Flugzeuge für den Einsatz mit französischen Lenkwaffen in Form der Luft-Luft-Lenkkörper »Magic 2« und »Mica« auszurüsten. Doch dazu kam es nicht. Die französische Luftfahrt-Industrie wehrte sich mit Erfolg gegen die Pläne der Aeronavale. Statt der erwünschten »Hornets« werden sich die Marineflieger mit einer Teilmodernisierung der F-8E(FN) begnügen müssen.

Kanada

Die Canadian Armed Forces (CAF) begaben sich 1977 auf die Suche nach einem geeigneten Nachfolger für ihre veralteten Kampfflugzeuge CF-5, CF-101 und CF-104, wobei ein Bedarf von 130 bis 150 Flugzeugen errechnet wurde.

Der Nachfolger sollte neben den militärischen Anforderungen folgende Voraussetzungen mitbringen:
- das Flugzeug muß sofort lieferbar sein;
- die Gesamtkosten dürfen 2,34 Milliarden kanad. Dollar nicht übersteigen;
- die kanadische Luftfahrt- und Zulieferindustrie muß an dem Programm beteiligt werden.

Schon bald standen diverse Typen zur Debatte, von denen sich die F-16 und die F/A–18 ein Kopf-an-Kopf-Rennen lieferten. Am 10. April 1980 wurde die »Hornet« zur Siegerin erklärt und in 137 Exemplaren, darunter 24 Zweisitzer, bestellt.

Das erste dieser Flugzeuge rollte am 28. Juli 1982 aus der Werkhalle in St.Louis, um bereits am nächsten Tag zum Erstflug zu starten.

Anfang 1983 trafen dreizehn Flugzeugführer und 18 Fluglehrer der CAF in den USA ein, um sich mit dem Jet vertraut zu machen und die Umschulung auf das Muster in Kanada vorzubereiten. Die Trainerrolle fiel dem in Cold Lake beheimateten 410 Operational Training Squadron (OTS) zu.

Von Cold Lake aus wurden ab Mai 1983 erste Luftbetankungsversuche mit der »Hornet« und dem Standard-Tanker der CAF – der CC-137 (alias Boeing B 707) – erfolgreich bei Tag und Nacht durchgeführt.

Weniger reibungslos als diese Tests verlief die Einführung des Musters bei den Einsatzverbänden, die das Flugzeug als CF-18A und in der zweisitzigen Ausführung als CF-18B fliegen. Ursprünglich war beabsichtigt, die Bezeichnungen CF-156 und CF-188 zu verwenden.

Nachdem bis zum Sommer 1984 38 »Hornets« an die CAF und 194 Maschinen an die US Navy und das Marine Corps abgeliefert worden waren, zeigten sich, wie in einem vorhergehenden Kapitel ausführlich geschildert, Risse im Bereich der Seitenleitwerksbefestigung. Bis zur Behebung des Mangels konnten die kanadischen »Hornets« nur bedingt eingesetzt werden. Insbesondere empfahl der Hersteller der Muster vorläufig nicht mit Anstellwinkeln über 25 Grad zu fliegen. Nach der von McDonnell Douglas durchgeführten Nachrüst-Aktion waren die Probleme noch nicht aus der Welt. Es hatte sich gezeigt, daß die Turbinen-Blätter der Triebwerke deutlich früher ausgetauscht werden mußten als angenommen. Bruchversuche in Cold Lake offenbarten darüber hinaus, daß die Rumpfstruktur des Flugzeuges Schwächen aufwies. Dies bedeutete einerseits, daß sich die erwartete Lebensdauer der Zelle von sechstausend Stunden um rund ein Drittel reduzierte und andererseits, daß der von den CF-18 verwendete, 1817 Liter fassende zentrale Zusatztank, der 467 Kilogramm mehr wiegt als der 1249-Liter-US-Standardbehälter, kaum noch eingesetzt werden konnte: Er belastete die Struktur des Flugzeuges zusätzlich und dies machte weitere Modifikationen erforderlich. Im Laufe der Zeit änderten sich die Zielvorstellungen der CAF in Bezug auf die Anzahl und den Einsatz der »Hornets«. So war unter anderem eine Spezial-Version für das Nordamerikanische Verteidigungssystem »NORAD« geplant. Mittels eines »Low Level Air Defense System« (LLADS) wollte man den Jäger in die Lage versetzen, noch besser im Tiefflug operieren zu können. Das Programm fiel allerdings dem Rotstift zum Opfer.

Eine »klassische« Flug-
aufnahme einer CF-18 A.

Nur der Zentralträger ist
bei diesem Flugzeug
bestückt.

Inzwischen ist die Ablieferung sämtlicher Flugzeuge beendet. Aufgrund der geschilderten Schwierigkeit, aber auch wegen der enorm gestiegenen Anschaffungskosten, erklärte sich McDonnell Douglas bereit, eine CF-18A kostenlos zur Verfügung zu stellen. Dank dieser »Bonus-Maschine« beläuft sich die Gesamtzahl der kanadischen »Hornets« auf 138 Exemplare.

Drei Einheiten der in Deutschland stationierten 1 Canadian Air Group (1 CAG) sind mit dem Muster ausgerüstet. Es handelt sich dabei um die in Baden-Sölling beheimateten Squadrons 409 »Nighthawk«, 421 »Red Indians« und 439 »Tiger«. Während die beiden erstgenannten Verbände sowohl Erdkampf- als auch Jagdflugzeug-Funktionen übernehmen, erfüllen die »Tiger« ausschließlich Jagd-Aufgaben.

Die ersten CF-18 trafen im übrigen im Juni 1985 in Baden-Söllingen ein, wo sie zunächst dem 409

Squadron zugeführt wurden. Als »offizieller« Ankunftstermin wurde der 31. Oktober des Jahres angegeben.

Inzwischen sind neben der Trainingseinheit in Cold Lake und den Kampfverbänden in Deutschland folgende Einheiten in Kanada aufgestellt:

425 Squadron »Alouette« in Bagotville;
441 Squadron »Silver Fox« in Cold Lake;
433 Squadron »Porcupine« in Bagotville;
416 Squadron »Lynx« in Cold Lake.

Die Flugzeuge der Baureihe CF-18A tragen die Kennzeichen 188701 bis 188814, während die Zweisitzer eine von 188901 bis 188924 reichende Seriennummer erhielten.

Die CAF rechnet langfristig mit der »Hornet«; dies beweist unter anderem ein Wartungsvertrag im Wert von einer Milliarde Kanadischen Dollar, der eine Laufzeit von zwanzig Jahren aufweist und mit den Firmen Canadair, CAE Electronics und North West Industrie abgeschlossen wurde. Dies darf aber nicht darüber hinwegtäuschen, daß die »Hornet«-Flotte ständig schmilzt. Bis zum April 1990 gingen bei 168000 Flugstunden zwölf Maschinen verloren, darunter zwei Flugzeuge bei einem Zusammenstoß über Karlsruhe. Die alamierenden Zahlen veranlaßten Air Commander General Fred R. Sutherland, eine Untersuchungskommission einzurichten und einige Flugmanöver – darunter Tiefflüge unterhalb von sechzig Metern – zu untersagen. Als einen Grund für die Unfälle gab man die Überlastung der Flugzeugführer an. Anstelle der benötigten 180 »Hornet«-Piloten standen bis 1990 nur 150 zur Verfügung.

Die Abrüstungsbestrebungen tragen dazu bei, daß die Baden-Söllinger Squadrons 421 und 439 im Jahre 1994 nach Kanada verlegt werden. Hier soll eine Straffung der Verbände durch die Auflösung von zwei »Hornet«-Squadrons erreicht werden.

Korea

Immer wieder trafen die F-16 und F-18 aufeinander, wenn es um die Eroberung von Exportmärkten ging. So auch im Jahre 1989, als Süd-Korea beabsichtigte, 120 Kampfflugzeuge zu erwerben. Der Auftrag, der ein Volumen von drei Milliarden US-Dollar einschließlich aller Ersatzteile umfaßte, sollte die Lieferung von zwölf fertigen Flugzeugen sowie Bauteilen für 36 weitere Maschinen beinhalten. Die übrigen 72 Jets wollten die Koreaner in Lizenz herstellen.

Zunächst sah McDonnell Douglas wie der sichere Sieger aus, doch dann kam es zu einem Wechsel im koreanischen Verteidigungsministerium. Der neue Verteidigungsminster, Lee Jong-Koo, machte einen Strich durch die Rechnung. Er forderte eine generelle Überprüfung des vorbereiteten Vertragswerkes im Hinblick auf die Stückzahl, den zu erwartenden Preisanstieg und den Technologie-Transfer den man sich von dem Programm erhoffte.

Im Frühjahr 1991 gaben die Koreaner bekannt, daß man sich nun für die General Dynamics F-16 entschieden habe, deren Beschaffungskosten eher den Vorstellungen der Regierung entspricht.

Kuwait

Im Mai 1988 bestätigte das US Verteidigungs-Ministerium die Lieferung von vierzig »Hornets« an Kuwait. Der Auftrag – der 490 Millionen-US-Dollar in die Kassen von McDonnell Douglas bringen sollte – umfaßte 32 F/A–18C und acht F/A–18D, wobei als Triebwerkausrüstung F404-GE-402 vorgesehen waren. Durch die irakische Invasion kam es jedoch nicht zu der für 1990 vorgesehenen Ablieferung der ersten Exemplare. Erst ab Oktober 1991 konnte mit der Übergabe – die inzwischen vollständig abgeschlossen ist – begonnen werden. Waffenseitig setzen die Kuwaitis die neueste Version der »Maverick«, die AGM-65G, sowie die Lenkkörper AGM-84 »Harpoon«, AIM-7 »Sparrow« und AIM-9 »Sidewinder« ein.

Malaysia

Die malaysischen Luftstreitkräfte (TUDM, Tentara Udara Diraja Malaysia) beschlossen im Sommer 1993 den Kauf von acht F/A-18D, deren Auslieferung ab Mitte 1996 erfolgen soll.

Schweiz

Mitte der Achtziger dachte die Schweizer Flugwaffe über den Ankauf eines neuen Kampfflugzeuges nach. Im Rahmen einer Vorauswahl, die unter dem Oberbegriff »Neues Jagdflugzeug« lief, wurden die Muster F-16 »Fighting Falcon«, JAS 39 »Griepen«, F/A-18 »Hornet«, Mirage 2000, F-20 »Tigershark«, »Rafale« und »Lavi« untersucht. Es zeigte sich dabei, daß man keineswegs vor der Qual der Wahl stand. Die Entwicklung der F-20 und der »Lavi«

Zwei spanische »Hornissen« auf einem Routineflug.

wurde eingestellt, so daß diese Flugzeuge nicht mehr in Frage kamen. Die JAS 39 und die »Rafale« standen erst am Beginn ihrer Entwicklung und die von Dassault angebotene Mirage 2000 Flex befand sich noch auf dem Reißbrett. Demzufolge mußte die Entscheidung zwischen der F-16 und der F-18 fallen. Beide Muster wurden in der Zeit vom 11. April bis 6. Mai 1988 ausführlich unter den klimatischen und geographischen Bedingungen der Schweiz getestet.

Im Oktober 1988 sprach sich die »Gruppe für Rüstungsdienste« für die »Hornet« aus. Mit ausschlaggebend waren die hochmoderne Avionik und die zweistrahlige Auslegung der Maschine.

Der ursprüngliche Plan, vierzig Exemplare des neuen Kampfflugzeuges zu beschaffen, wurde allerdings aufgegeben. Das neue Programm sah nun den Kauf von 34 »Hornets«, aufgeteilt in die Modelle C und D, vor. Drei »Überwachungsgeschwader« sollen mit je acht Flugzeugen ausgerüstet werden, zehn weitere »Hornets« sind als Reserve-Maschinen gedacht.

1990 ordnete das Schweizer Verteidigungsministerium eine Überprüfung des drei Milliarden Schweizer

Inzwischen ist die »Hornet« zu einem Rückgrat der US Navy geworden. Hier ein Flugzeug mit einer »Maverick«-Lenkwaffe.

Franken umfassenden Vertragswerkes an und empfahl gleichzeitig aufgrund der politischen Ereignisse in Ost-Europa eine Reduzierung des Auftrages um zehn Flugzeuge. Außerdem wurde die »Hornet« als solche in Frage gestellt. Frankreich bot in dieser Phase die Mirage 2000−5 an, deren Anschaffungspreis rund 15 Prozent unter den Kosten einer F/A−18 liegt und darüber hinaus wurde den Schweizer F+W-Werken die Entwicklung und Fertigung von achthundert Zusatztanks (2000 Liter) für das Rafale-Programm übertragen.

Letztlich erklärte der Schweizer Verteidigungsminister Karl Villiger, daß es bei der Entscheidung für die »Hornet« bleibt. Begründet wurde dies mit dem Umstand, daß die Schweiz der erste Betreiber der Mirage 2000−5 wäre, die »Hornet« hingegen ein erprobtes und seit Jahren im Einsatz befindliches Flugzeug darstellt, dessen zweimotorige Auslegung einen höheren Sicherheitsgrad verspricht. Damit hatte es die F/A−18 aber noch nicht geschafft. Schweizer Pazifisten blockierten erfolgreich den Vertragsabschluß und setzten eine Volksabstimmung durch, die am 6. Juni 1993 durchgeführt wurde und bei der sich eine Mehrheit für die Beschaffung ergab. Ab 1996 soll die Ablieferung der ersten Flugzeuge erfolgen, wobei McDonnell Douglas zwei komplette »Hornets« liefert. Die Baugruppen für die restlichen 32 Flugzeuge kommen ebenfalls aus den USA, sie werden in der Schweiz endmontiert.

Spanien

Als erstes europäisches Land entschied sich Spanien am 31. Mai 1983 mit einer Bestellung über 72 Maschinen sowie einer Option auf zwölf Flugzeuge – die aber nicht in einen Kaufvertrag umgewandelt wurde – für die »Hornet«.

Der Drei-Milliarden-US-Dollar-Auftrag umfaßte die Lieferung ein- und zweisitziger Varianten, die die US-Bezeichnungen EF-18A und B tragen, in Spanien allerdings als C.15 (Caza für Jagdflugzeug) und CE.15 (Caza Entrenamiento für Jagdflugzeug-Trainer) geführt werden. Die Ruf-Kennzeichen lauten für die Zweisitzer CE.15−1 bis 15−12 und für die Einsitzer C.15−13 bis 15−72.

Bevor die erste spanische »Hornet«, eine EF-18B, am 22. Novmeber 1985 auf dem McDonnell Douglas Werksgelände in St. Louis vorgestellt wurde, hatte bereits die Einweisung von zehn Flugzeugführern der spanischen Luftstreitkräfte (Ejericto del Aire) begonnen. Die Umschulungsmaßnahmen wurden bis zum Herbst 1986 auf der Whiteman AFB, Montana, fortgeführt.

Nachdem am 10. Juli 1986 vier EF-18B »non-stop« von St. Louis nach Saragossa überführt worden waren, erfolgte die Einweisung auf das Muster in Spanien, wobei zunächst US Navy-Personal bei der Wartung der Flugzeuge behilflich war.

Bis zum Jahre 1990 waren die Escuadrons 121, 122, 151 und 152 mit der »Hornet«, denen C-130 »Herkules« Tanker zur Verfügung stehen, ausgerüstet.

Vereinigte Staaten von Amerika

Gegenwärtig sind von den bestellten 1157 »Hornets« rund neunhundert an die US Navy und das US Marine Corps abgeliefert worden. Darunter 380 Flugzeuge der Baureihe A und 41 der Version B. Die beiden Varianten wurden inzwischen von den Modellen C und D in der Fertigung abgelöst.

Einen Überblick über die verschiedenen »Hornet«-Verbände geben die im Anhang befindlichen Aufstellungen.

Die F/A−18 wird aber auch von folgenden Sondereinheiten geflogen:

- Naval Air Test Center
- Naval Weapons Center
- Strike Warfare Center
- Strike Aircraft Directorate
- Pacific Missile Test Center
- Navy Test Pilot School
- »Blue Angels«-Kunstflugteam

Die weltbekannten »Blue Angels« wechselten 1986/87 von der A–4 »Skyhawk« zur »Hornet«. Acht einsitzige und ein zweisitziges Flugzeug stehen bereit. Es handelt sich um F/A–18, die aus den Anfängen der Serienproduktion stammen und für den normalen Dienst nicht zu gebrauchen sind. Alle Flugzeuge sind mit Rauchgeneratoren ausgerüstet. Die Bordkanone ist ausgebaut. Anstelle des automatischen Träger-Landesystems ist eine ILS-Anlage sowie ein VOR-Funkgerät eingebaut. Außerdem verfügen die Flugzeugführer, die bei ihren Flugmanövern bis zu 7,3 g ausgesetzt sind, über spezielle Sitzgurte. Durchschnittlich werden pro Jahr 75 Vorführungen geflogen.

Eine CF-18 A.

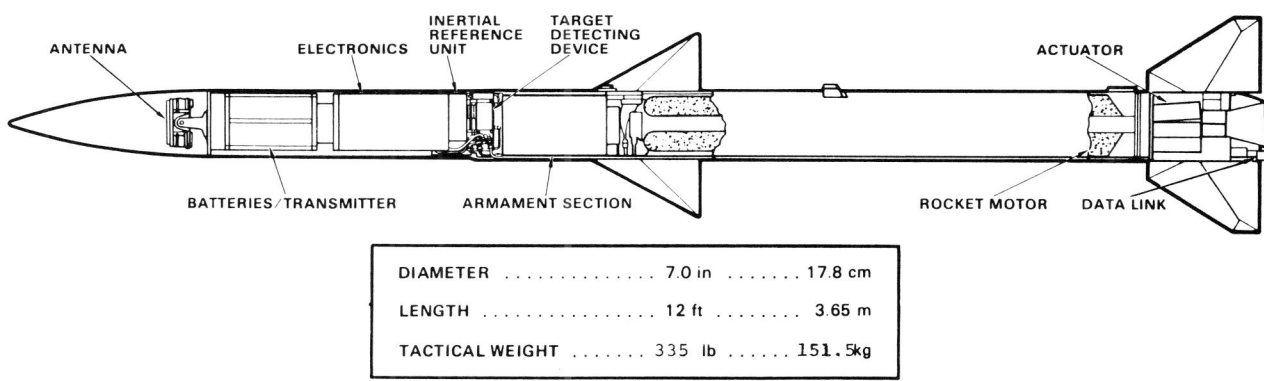

Schnittzeichnung der
AIM-120 A.

ANTENNA   ELECTRONICS   INERTIAL REFERENCE UNIT   TARGET DETECTING DEVICE   ACTUATOR

BATTERIES/TRANSMITTER   ARMAMENT SECTION   ROCKET MOTOR   DATA LINK

DIAMETER	7.0 in	17.8 cm
LENGTH	12 ft	3.65 m
TACTICAL WEIGHT	335 lb	151.5kg

Das vor dem Höhenleit-
werk angeordnete Seiten-
leitwerk ist ein Marken-
zeichen der »Hornet«.

Anhang

Baubeschreibung McDonnell Douglas F/A–18C »Hornet«

Typ: einsitziger bordgestützter Mehrzweck-Jäger.

Tragflächen: freitragende Mitteldecker-Mehrholm-Bauweise, Aluminium-Struktur, Beplankung durch Graphit-Platten, Anstellwinkel 3 Grad, Vorderkantenpfeilung 26 Grad, Streckung 3,52, Zuspitzung 0,37, Dicke von der Wurzel zur Spitze von fünf auf 3,5 Prozent abnehmend.

Nasenklappe über die gesamte Spannweite, Ausschlagwinkel dreißig Grad, hydraulisch betätigte Wölbklappen, die auf bis zu 45 Grad gesetzt werden können, bilden einen Teil der Flügelhinterkante.

Die ebenfalls hydraulisch betriebenen Querruder lassen sich auch auf 45 Grad setzen, sie werden unter anderem zur Reduzierung der Landegeschwindigkeit eingesetzt.

Die Kontrolle sämtlicher Klappen übernimmt der Bordrechner, so daß sich in allen Geschwindigkeitsbereichen und bei sämtlichen Flugmanövern optimale Wirkungsgrade ergeben.

Mittels eines mechanischen Antriebes lassen sich die Außenflügel auf hundert Grad nach oben klappen, Flügelstrakes (LEX) erstrecken sich von den Flügelwurzeln bis zum Cockpit; sie dienen der Wirbelerzeugung und verhindern ein frühes Abreißen der Grenzschicht bei geringen Geschwindigkeiten.

Rumpf: in Halbschalen-Bauweise erstellte Konstruktion mit ovalem Querschnitt und Aluminium-Struktur, überwiegend mit Leichtmetall-Platten beplankt.

Inspektionsklappen aus Graphit, Brandschott zwischen den Triebwerken in Titan ausgeführt.

Hydraulisch betätigte Luftbremse auf der Rumpfoberseite zwischen den Seitenleitwerken.

Dem Flugzeugführer steht ein Martin-Baker Schleudersitz des Typs SJU-5 zur Verfügung. Das Cockpit ist klimatisiert und druckbelüftet, die Windschutzscheibe ist einteilig, beschlagfrei und mit Regenabweisern ausgestattet, das nach hinten oben öffnende Kabinendach ist einteilig.

Leitwerk: zweikieliges Seitenleitwerk in freitragender Aluminium-Bauweise mit Wabenkern und Graphit-Beplankung, Pfeilung 43 Grad, Ausgleichtanks und Kraftstoff-Schnellablaß innerhalb der um zwanzig Grad nach außen gekanteten Seitenleitwerke, Seitenruder konventionell.

Das Höhenleitwerk ist hinter dem Seitenleitwerk angeordnet und weist dieselbe Bauweise auf. Die Pfeilung beträgt 41 Grad, der Anstellwinkel zwei Grad, die Ruderausschläge erfolgen sowohl kollektiv als auch differential.

Fahrwerk: Drei-Bein-Fahrwerk; das doppelt bereifte, steuerbare Bugrad, das über einen Katapultanschluß verfügt, wird nach vorne eingefahren, die Reifengröße beträgt 22×6,6,-10, der Reifendruck wahlweise 24,13 bar (Trägereinsatz) oder 10,34 bar (Landeinsatz).

Das einfach bereifte Hauptfahrwerk schwenkt nach

hinten in den Rumpf ein und wird um neunzig Grad gedreht, die Reifengröße beträgt 30×11,5–14,5, die Reifendrücke für den Träger- und Landeinsatz betragen 24,13 beziehungsweise 13,79 bar.

Es werden Scheiben-Bremsen und ein Anti-Skid-System verwendet, ein Fanghaken befindet sich unter dem Rumpfheck.

Triebwerke: zwei General Electric F404-GE-402 by-pass Turbofan-Triebwerke im Rumpfheck mit separaten Lufteinläufen in den Rumpfseiten, maximaler Nachbrenner-Schub je Triebwerk 78,66 kN (8015 kp).

Selbstdichtende Kraftstofftanks und -leitungen im Rumpf, den Tragflügeln und den Seitenleitwerken, maximaler Innenvorrat – je nach Kraftstoffsorte – zirka 6435 Liter bei Kraftstoffsorte JP-4 oder JP-5, Mitführung von bis zu drei Zusatztanks mit einem Gesamt-Fassungsvermögen von 3750 Liter möglich.

In der rechten Rumpfbugseite befindet sich ein einziehbarer Luftbetankungsstutzen.

Bordsysteme: zwei separate, unabhängig voneinander operierende Hydraulik-Systeme mit einer Leistung von je 207 bar, Förderleistung 212 l/min, Not-System mit 5,86 bar Leistung.

Quadruplexe, digitale »Fly-By-Wire« (FBW) Flugsteuerung mit direkten elektrischen und mechanischen Back-Up-Systemen, Garrett GTC36–200 Hilfsturbine (Auxiliary-Power-Unit, APU) für das Anlassen der Triebwerke und die Aufrechterhaltung der pneumatischen, elektrischen und hydraulischen Systeme am Boden.

Avionik: digitalisiertes Hughes AN/APG-65 Doppler-Radar mit diversen Betriebsarten für Luft- und Bodenzielbekämpfung und Bodendarstellung, Automatisches Träger-Landesystem (ACLS) für den All-Wetter-Einsatz.

Digitales Kartenrollgerät von Honeywell, zwei Mehrzweck-Bildschirme (CRT) von Kaiser, Zentraler Bildschirm von Ferranti/Bendix, Blickfeldanzeige (HUD) Kaiser AN/AVQ-28.

J,E,T, ID-1791/A Flugkommandoanzeiger (FID), Ferranti 2035 Kurslageanzeiger (HSI), zwei digitale AN/AYK-14 Rechner zur Kontrolle der Flugdaten, Trägheits-Navigationssystem Litton AN/ASN-130A, Flugdatenschreiber von Normalair-Garrett, Bendix Wartungs- und Unfallaufzeichnung.

Collins AN/ARN-118 taktische Flugnavigationshilfe (TACAN), AN/ARC-182 UHF/VHF Funkgerät und DF-301E UHF/DF Peilgerät, Eaton AN/ARA–63 Empfänger/Dekoder, Harris AN/ASW–25 Datenverbindung.

Magnavox AN/ALR-50 und Litton AN/ALR-67 Radar-Warnanlagen, Goodyear AN/ALE-39 Fackelanlage, Sanders AN/ALQ-126B für elektronische Gegenmaßnahmen (ECM), ITT/Westinghouse AN/ALQ-165 Selbstschutz-Störsender (ASPJ).

An Außenstationen lassen sich weitere Avionik-Geräte wie das Infrarot-System Ford AN/AAS-38 FLIR oder der Laser/Kamera-Behälter Martin Marietta AN/ASQ-173 mitführen.

Bewaffnung: neben der festeingebauten, sechsläufigen 20-Millimeter-M,61- Bordkanone (570 Schuß) können an neun Außenstationen Lasten bis zu einem Gesamtgewicht von 7710 Kilogramm in Form von Bomben, Raketenbehältern, Lenkwaffen, Zusatztanks oder Avionik-Geräte mitgeführt werden.

**An den Haken genommen:
Verladen einer CF-18 A.**

Eine F/A-18 B des VFA-125
»Rough Riders«.

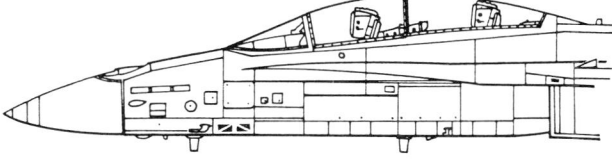

McDonnell Douglas
FA-18 B.
© R. Swoboda

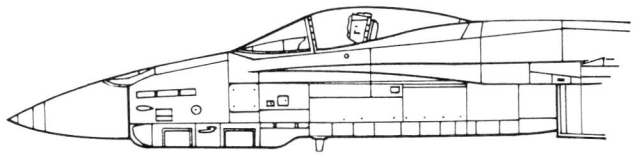

McDonnell Douglas RF-18.
© R. Swoboda

Technische Daten McDonnell Douglas F/A–18C »Hornet«

Abmessungen und Gewichte:

Länge	17,07 Meter
Spannweite	11,43 Meter
Spannweite mit Lenkwaffen	12,31 Meter
Breite (bei hochgeklappten Flügeln	8,23 Meter
Flügeltiefe (an der Wurzel)	4,04 Meter
Flügeltiefe (an der Spitze)	1,68 Meter
Flügelfläche	37,16 Quadratmeter
Querruderfläche	2,27 Quadratmeter
Klappenfläche, Flügelvorderkanten	4,50 Quadratmeter
Klappenfläche, Flügelhinterkanten	5,75 Quadratmeter
Höhe	4,66 Meter
Abstand zwischen den Spitzen der Seitenleitwerke	3,60 Meter
Fläche der Seitenleitwerke	9,68 Quadratmeter
Fläche der Seitenruder	1,45 Quadratmeter
Spannweite des Höhenleitwerkes	6,58 Meter
Fläche des Höhenleitwerkes	8,18 Quadratmeter
Spurbreite des Hauptfahrwerks	3,11 Meter
Radstand	5,42 Meter
Leergewicht	10455 Kilogramm
Treibstoffzuladung, intern	4926 Kilogramm
Treibstoffzuladung, extern	3053 Kilogramm
Außenlasten, maximal	7710 Kilogramm
Startmasse, Jagdflugzeug	16651 Kilogramm
Startmasse, Angriffsflugzeug	22328 Kilogramm

Leistungen:

Höchstgeschwindigkeit	Mach 1,7 bis Mach 1,8
Höchstgeschwindigkeit bei fünfzig Prozent des maximalen Schubs	Mach 1,0
Anfluggeschwindigkeit	248 km/h
Dienstgipfelhöhe, zirka	15250 Meter
Kampfradius, Jagdflugzeug	740 Kilometer
Kampfradius, Angriffsflugzeug	1065 Kilometer
Überführungsreichweite	3706 Kilometer

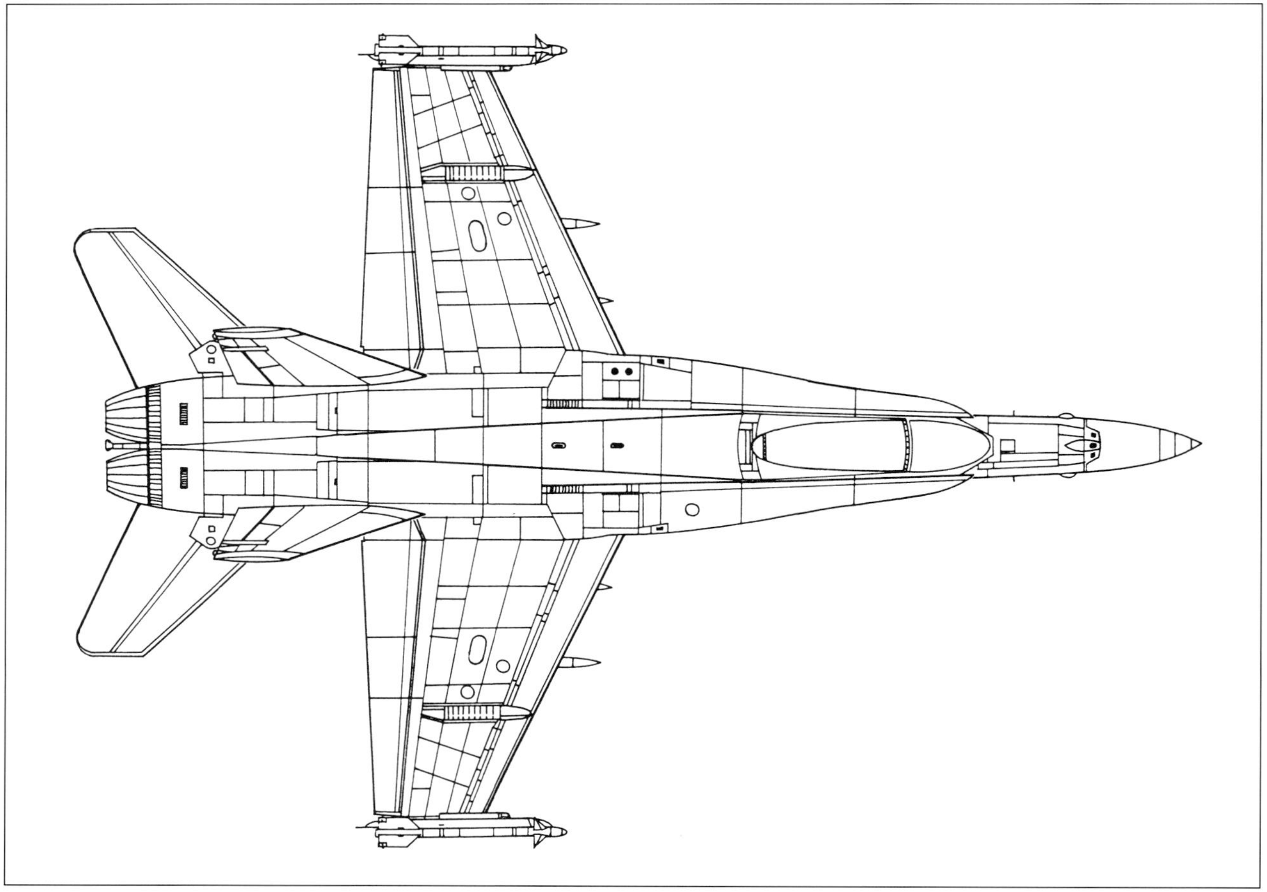

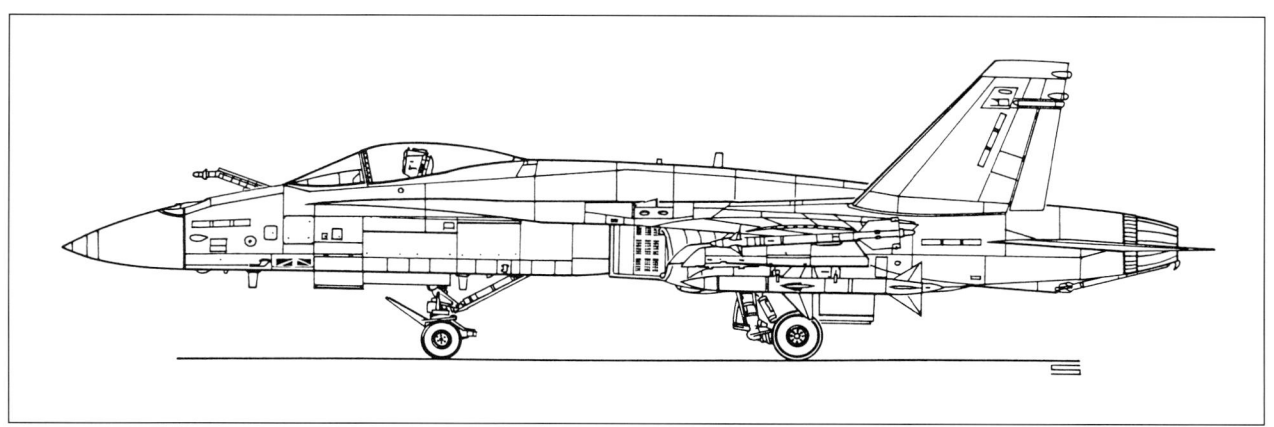

© R. Swoboda

© R. Swoboda

Block-Nummern und Farbgebung

Die Fertigung der McDonnell Douglas »Hornet« erfolgt in Blöcken mit unterschiedlichen Stückzahlen, wobei mehrere Blöcke zu sogenannten Fertigungslosen zusammengefaßt werden. Das Fertigungslos 4 der Baureihe F/A−18A umfaßte beispielsweise die Blöcke 5 (drei Flugzeuge), 6 (acht Flugzeuge) und 7 (neun Flugzeuge). Mit Ausnahme der an Spanien und Australien gelieferten »Hornets« verfügen sämtliche Flugzeuge über eine sechsstellige Block-Nummer, die mit der Werk- und Buerau of Aeronautis-Nummer identisch und unterhalb des Höhenleitwerkes aufgemalt ist. Bedauerlicherweise konnte sich McDonnell Douglas nicht zu einer durchgehenden Nummerierung der einzelnen Baureihe entschließen. Man ging dazu über die »Hornets«, so wie sie von der Fertigungsstraße rollen, mit einer fortlaufenden Block-Nummer zu versehen. In der Praxis sieht das System wie folgt aus:

Block-Nummer	Baureihe
161353	F/A−18A
161354	F/A−18B
161355	F/A−18B
161356	F/A−18B
161357	F/A−18B
161358	F/A−18A
161359	F/A−18A

Werkseitig werden die für die US Navy bestimmten Flugzeuge in den Farben FS 36375 »Mid Gray« (Oberseiten) und FS 36495 »Light Gray« (Unterseiten) sowie FS 35237 »Dark Blue Gray« (Rumpfbug-Oberseite, Blendschutz) bemalt. Hoheitskennzeichen sowie Block-Nummern und Beschriftungen werden in verschiedenen Grautönen, die unter dem Oberbegriff »low-visibility« bekannt geworden sind, aufgetragen. Das Gebiet der Sichtschutz-Bemalung ist sehr umfangreich und vielschichtig, so daß es

immer wieder Abweichungen vom genannten Schema gibt. Der an dieser Thematik interessierte Leser wird gebeten, sich hierzu weitergehender Fachliteratur zu bedienen.

Baureihen-Übersicht

F/A−18A

Einsitziges-Basismodell. Zunächst in Form von neun »Full-Scale-Development«-Flugzeugen (FSD) mit F404-GE-100 Triebwerken gefertigt. Erstflug 18.November 1978.
Den FSD-»Hornets« folgten 371 Maschinen mit F404-GE-400 Triebwerken, neun Außenstationen für verschiedene Lasten bis zu einem Gesamtgewicht von 7710 kg, sowie der M.61 Bordkanone für den Einsatz beim US Marine Corps und der US Navy.
Die Fertigung teilte sich in die Blöcke 1 bis 3 (Vorserie) und 4 bis 22 (Serie) auf.

Die Block-Nummern lauten:
160775−160780, 160782−160783, 160785, 161213−161216, 161248, 161250−161251, 161353, 161358−161359, 161361−161367, 161519−161528, 161702−161703, 161705−161706, 161708−161710, 161712−161713, 161715−161718, 161720−161722, 161724−161726, 161728−161732, 161734−161739, 161741−161745, 161747−161761, 161925−161931, 161933−161937, 161939−161942, 161944−161946, 161948−161987, 162394−162401, 162403−162407, 162409−162412, 162414−162418, 162420−162426, 162428−162477, 162826−162835, 162837−162841, 162843−162849, 162851−162856, 162858−162863, 162865−162869, 162871−162875, 162877−162884, 162886−162909, 163092−163103, 163105−163109, 163111−163114, 163116−163118, 163119−163122, 163124−163145, 163146−163175.

Hauptbetreiber der »Hornet« ist neben den USA Kanada.

AF/A-18A

Weitgehend mit der F/A-18A baugleiche »Hornet«-Version für die australischen Streitkräfte. 57 Exemplare wurden zwischen 1985 und 1991 bei der ASTA (Aerospace Technologies of Australia) in Avalon, Victoria, endmontiert.
Die Block-Nummern lauten: A21-1 bis A21-57

CF-18A

Die 98 für die »Canadian Armed Forces« bestellten Einsitzer weichen nur geringfügig von der US-Basisversion ab. Unterschiede betreffen hauptsächlich die Avionik und die Installation eines in der linken Rumpfbugseite eingebauten Suchscheinwerfers.
Die Block-Nummern lauten: 188701-188798

EF-18A

Nur in Details unterscheiden sich die 60 von den spanischen Streitkräften georderten »Hornets« von der F/A-18A, die in Spanien die Typenkennung C.15 tragen.
Die Block-Nummern lauten: C.15-13 bis C.15-72

F/A-18B

Die zweisitzige Ausführung der »Hornet« wurde zunächst als TF/A-18A bezeichnet. Der Einbau eines zweiten Sitzes führte zu einer Reduzierung des Rumpf-Tankraumes um knapp 6 Prozent. Das Muster ist wie sein einsitziger Stallgefährte voll kampftauglich. Dem Bau von zwei Vorserienflugzeugen folgte die Produktion von 41 Maschinen für die US Navy und das US Marine Corps.
Die Block-Nummern lauten:
160781, 160784, 161217, 161249, 161354-161357, 161360, 161704, 161707, 161711, 161714, 161719, 161723, 161727, 161733, 161740, 161746, 161924, 161932, 161938, 161943, 161947, 162402, 162408, 162413, 162419, 162427, 162836, 162842, 162850, 162857, 162864, 162870, 162876, 162885, 163104, 163110, 163115, 163123.

AF/A-18B

Die australischen Streitkräfte erhielten 18 Zweisitzer, von denen zwei auf dem Luftwege von den USA nach Australien überführt wurden. Die Endmontage der übrigen 16 Flugzeuge erfolgte bei ASTA.
Die Block-Nummern lauten: A21-101 bis A21-118

CF-18B

Kanada verfügt über 40 Zweisitzer. Sie entsprechen bis auf ganz geringe Abweichungen dem Trainer-Grundmodell.
Die Block-Nummern lauten: 188901 bis 188940

EF-18B

Zwölf kampftaugliche Trainings-Flugzeuge wurden an die »Ejericto del Aire Espanol«, die das Muster als CE.15 bezeichnet, geliefert.
Die Block-Nummern lauten: CE.15-1 bis CE.15-12

F/A-18C

Diese stark verbesserte »Hornet«-Version nahm am 3.September 1987 die Flugerprobung auf. Anfänglich noch mit F404-GE-400 Triebwerken (7257 kp) ausgerüstet, wird ab August 1991 das stärkere F404-GE-402 (8029 kp) eingebaut. Hauptunterschiede zur Basisausführung betreffen darüber hinaus den Einbau des Martin-Baker NACES-Schleudersitzes, die Installation leistungsstärkerer Avionik und die Möglichkeit, die neueste Lenkwaffen-Generation in Form der AIM-120, AGM-84 und AGM-65F mitführen zu können. Ab Oktober 1989 wurde das Muster noch stärker auf den Nacht-Einsatz ausgerichtet. Neben zusätzlichen Geräten wie dem AN/AAR-50 TINS, einem Raster-HUD und einer optimierten Cockpit-Instrumentierung ist noch auf die Nacht-Sichtbrille des Flugzeugführers hinzuweisen. Die Baureihe befindet sich nach wie vor in der Fertigung, so daß die nachfolgende Werk-Nummern-Aufstellung als vorläufige Auflistung anzusehen ist.

Die Block-Nummern lauten:
163427–163433, 163435, 163437–163440, 163442–444, 163446, 163448–163451, 163453, 163455–163456, 163458–163459, 163461–163463, 163465–163467, 163469–163471, 163473, 163475–163478, 163480–163481, 163483–163485, 163487, 163489–163491, 163493–163496, 163498–163499, 163502–163506, 163508–163509, 163699, 163701–163706, 163708–163719, 163721–163733, 163735–163748, 163750–163762, 163764–163770, 163772–163777, 163779–163782, 163985, 163987–163988, 163990, 163992–163993, 163995–163996, 163998–164000, 164002–164004, 164006–164008, 164010, 164012–164013, 164015–164016, 164018, 164020–164021, 164023, 164025, 164027, 164029–164031, 164033–164034, 164036–164037, 164039, 164041–164042, 164044–164045, 164047–164048, 164050, 164052, 164054–164055, 164057, 164059–164060, 164062–164063, 164065–164067, 164197, 164199–164202, 164204–164206, 164208–164210, 164212–164215, 164217–164218, 164220–164223, 164225–164227, 164229–164232, 164234–164236, 164238–164240, 164242–164244, 164246–164248, 164250–164253, 164255–164258, 164260–164262, 164264–164266, 164411–164414, 164416–164421.

F/A–18D

Zweisitziges All-Wetter-Kampfflugzeug auf Basis der F/A–18C mit Doppelsteuer. Bei der Version F/A–18D+ ist das Doppelsteuer ausgebaut. Dafür stehen dem zweiten Besatzungsmitglied zusätzliche Waffenbedienschalter zur Verfügung. Der Erstflug des Prototypen erfolgte am 6.Mai 1988. Kurz darauf begann die Serienproduktion, die noch nicht beendet ist.

Die Block-Nummern lauten:
163434, 163436, 163441, 163445, 163447, 163452, 163454, 163457, 163460, 163464, 163468, 163472, 163474, 163479, 163482, 163486, 163488, 163492,

163497, 163500–163501, 163507, 163510, 163700, 163707, 163720, 163734, 163749, 163763, 163771, 163778, 163996, 163989, 163991, 163994, 163997, 164001, 164005, 164009, 164011, 164014, 164017, 164019, 164022, 164024, 164026, 164028, 164032, 164035, 164038, 164040, 164043, 164046, 164049, 164051, 164053, 164056, 164058, 164061, 164064, 164068, 164196, 164198, 164203, 164207, 164211, 164216, 164219, 164224, 164228, 164233, 164237, 164241, 164245, 164249, 164254, 164259, 164263, 164267, 164415, 164422.

F-18L

Anfang der 70er plante Northrop den Bau einer landgestützten »Hornet«-Version, bei der man auf die umfangreiche Trägerausrüstung verzichtete und die dafür wahlweise mehr Kraftstoff oder Waffen mitführen konnte. 1985 wurde das Programm eingestellt.

F/A–18A(R)

Am 15. August 1984 flog erstmals eine Aufklärer-Variante der »Hornet«. Es handelte sich dabei um eine umgebaute F/A–18A, bei der die M.61 Borkanone einem Aufklärer-Paket – bestehend aus Kameras und einem Infrarot-Scanner – weichen mußte. Der Gedanke, das Flugzeug als RF-18A in die Fertigung zu nehmen, wurde allerdings aufgegeben.

Derzeit ist geplant, die »Hornet«-Version C mit dem Aufklärer-System »ATARS« auszurüsten und sie als F/A–18C(RC) einzusetzen.

**Auch das VFA-132
»Privaters« fliegt die
F/A-18.**

US Navy »Hornet« Squadrons

VFA–15 »Valions«	Heck-Code: AC	Standort : CVN-71 USS »Theodore Roosevelt«
VFA–25 »First of the Fleet«	Heck-Code: NK	Standort : CV–64 USS »Constellation«
VFA–81 »Sunliners«	Heck-Code: AA	Standort : CV–60 USS »Saratoga«
VFA–82 »Marauders«	Heck-Code: AJ	Standort : CV–66 USS »America«
VFA–83 »Rampagers«	Heck-Code: AA	Standort : CV–60 USS »Saratoga«
VFA–86 »Sidewinders«	Heck-Code: AJ	Standort : CV–66 USS »America«
VFA–87 »Golden Warriors«	Heck-Code: AC	Standort : CVN-71 USS »Theodore Roosevelt«
VFA–106 »Gladiators«	Heck-Code: AD	Standort : NAS Cecil Field
VFA–113 »Stingers«	Heck-Code: NK	Standort : CV–64 USS »Constellation«
VFA–125 »Rough Riders«	Heck-Code: NJ	Standort : NAS Lemoore
VFA–131 »Wild Cats«	Heck-Code: AK	Standort : CV–43 USS »Coral Sea«
VFA–132 »Privateers«	Heck-Code: AK	Standort : CV–43 USS »Coral Sea«
VFA–133	Heck-Code: AG	Standort : CV–69 USS »Dwight D. Eisenhower«
VFA–136 »Knighthawks«	Heck-Code: AK	Standort : CV–43 USS »Coral Sea«
VFA–137 »Kestrel«	Heck-Code: AK	Standort : CV–43 USS »Coral Sea«
VFA–146 »Blue Diamonds«	Heck-Code: NK	Standort : CV–64 USS »Constellation«
VFA–147 »Argonauts«	Heck-Code: NK	Standort : CV–64 USS »Constellation«
VFA–151 »Vigilantes«	Heck-Code: NF	Standort : CV–41 USS »Midway«
VFA–161 »Chargers«	Heck-Code: NM	diese Einheit ist inzwischen außer Dienst gestellt
VFA–192 »Golden Dragons«	Heck-Code: NF	Standort : CV–41 »Midway«
VFA–195 »Dambuster«	Heck-Code: NF	Standort : CV–41 »Midway«
VFA–203 »Blue Dolphins«	Heck-Code: AF	Standort : NAS Jacksonville Reserve-Einheit
VFA–204	Heck-Code: AZ	Standort : NAS New Orleans Reserve-Einheit
VFA–303 »Lobos«	Heck-Code: ND	Standort : NAS Alameda Reserve-Einheit

Die Verlegung der verschiedenen Verbände auf die zahlreichen Flugzeugträger der US Navy ist jederzeit möglich, es ergibt sich dadurch eine Änderung des Heck-Kennzeichens, da diese dem jeweiligen Flugzeugträger entsprechen.

Derzeit werden weitere Verbände für die Umrüstung auf die »Hornet« vorbereitet. Es handelt sich im wesentlichen um Einheiten, die zur Zeit noch mit der Grumman A–6 ausgerüstet sind.

Standort des VMFA-323
»Death Rattlers« ist die
Marine Corps Air Station
El Toro.

US Marine Corps »Hornet« Squadrons

VMFAT−101 »Sharpshooters«	Heck-Code: SH	Standort : MCAS El Toro
VMFA−115 »Silver Eagles«	Heck-Code: VE	Standort : MCAS Beaufort
VMFA(AW)-121 »Green Knights«	Heck-Code: VK	Standort : MCAS El Toro
VMFA−122 »Crusaders«	Heck-Code: DC	Standort : MCAS Beaufort
VMFA−142	Heck-Code: KB	Standort : MCAS Cecil Field Reserve-Einheit
VMFA−212 »Lancers«	Heck-Code: WD	Standort : MCAS El Toro
VMFA−232 »Red Devils«	Heck-Code: WT	Standort : MCAS Kaneohe
VMFA−235 »Death Angels«	Heck-Code: DB	Standort : MCAS Beaufort
VMFA(AW)-242	Heck-Code: DT	Standort : MCAS El Toro
VMFA−251 »Thunderbolts«	Heck-Code: DW	Standort : MCAS Beaufort
VMFA−312 »Checkerboards«	Heck-Code: DR	Standort : MCAS Beaufort
VMFA−314 »Black Knights«	Heck-Code: VW	Standort : MCAS El Toro
VMFA−321 »Black Barons«	Heck-Code: MG	Standort : MCAS Washington Reserve-Einheit
VMFA−323 »Death Rattlers«	Heck-Code: WS	Standort : MCAS El Toro
VMFA−333 »Shamrocks«	Heck-Code: DN	Standort : MCAS Beaufort
VMFA−451 »Warlords«	Heck-Code: VM	Standort : MCAS Beaufort
VMFA−531 »Grey Ghosts«	Heck-Code: EC	Standort : MCAS El Toro

Zwischen 1993 und 1995 werden folgende in MCAS Cherry Point beheimatete Verbände auf die »Hornet« umrüsten:

VMFA(AW)-224	Heck-Code: WK
VMFA(AW)-332	Heck-Code: EA
VMFA(AW)-533	Heck-Code: ED

Nach vielen Flugstunden
bleibt – wie dieses Foto
zeigt – nicht mehr viel vom
Sichtschutz-Anstrich
übrig.

Abkürzungen

ACF	Air Combat Fighter		LAU	Launch Air Unit
ACLS	Automatic Carrier Landing System		LEX	Leading Edge Extension
ACM	Air Combat Maneuvering		LWF	Light Weight Fighter
AGM	Air To Ground Missile			
AIM	Air Intercept Missile		MCAS	Marine Corps Air Station
AMAD	Airframe Mounted Accessory Drive			
APU	Auxilary Power Unit		NACES	Navy Aircrew Common Ejection Seat
ASJP	Advanced Self Protection Jammer		NACF	Navy Air Combat Fighter
ATARS	Advanced Tactical Air Reconnaissance System		NAS	Navy Air Station
BITE	Built In Test		OFT	Operational Flight Trainer
			OPEVAL	Operational Test And Evalution
CAI	Computer Aided Instruction			
CBU	Cluster Bomb Unit		PTT	Part Task Trainer
CRT	Cathode Ray Tube			
CV	Carrier Vessel		RAID	Raid Assessment Mode
CVN	Carrier Vessel Nuclear		RIO	Radar Intercept Officer
			RWS	Range While Search
DBS	Doppler Beam Sharping			
DF	Direction Finder		SAR	Synthetic Aperature Radar Mode
			SLAM	Stand Off Land Attack Missile
ECM	Electronic Countermeasures		SLAR	Side Looking Airborne Radar
EFA	Europa Fighter Aircraft			
			TACAN	Tactical Air Navigation
FBW	Fly By Wire		TINS	Thermal Imaging Navigation Set
FDI	Flight Director Indicator		TWS	Track While Search
FLIR	Foorward Looking Infra Red			
FSD	Full Scale Development		UHF	Ultra High Frequency
GBU	Guided Bom Unit		VFA	V für Heavier Than Air; F für Fighter; A für Attack
			VFAX	wie VFA jedoch X für Experimental
HARV	High Angel Of Attack Research Vehicle		VHF	Very High Frequency
HOTAS	Hands On Throttle And Stick		VMFA	wie VFA jedoch M für Marine Corps
HARM	High Speed Anti Radiation		VMFA(AW)	wie VFMA jedoch AW für All Weather
HSI	Horizontal Situation Indicator		VMFAT	wie VMFA jedoch T für Training
HUD	Head Up Display		VS	Velocity Search
ILS	Instrument Landing System		WTT	Weapon Tactics Trainer

Bibliografie

Hornet, The Inside Story of the F/A–18, Orr Kelly, Airlife Publishing Ltd., Shrewsbury;

McDonnell Douglas F/A–18 Hornet, Jay Miller, Aerofax Inc. Arlington;

Modern Military Aircraft, Hornet, Lou Drendel, Sqaudron/Signal Publications Inc., Carrollton;

McDonnell Douglas Aircraft since 1920, Volume II, Rene J. Francillon, Putnam Aeronautical Books, London;

Navy Air Colors, United States Navy, Marine Corps and Coast Guard Aircraft Camouflage and Markings, Vol.2, Thomas E. Doll, Berkley R. Jackson und William R. Riley;

Jane's All the World's Aircraft, diverse Ausgaben, Herausgeber: John W.R. Taylor, London;

United States Military Aircraft since 1908, Gordon Swanborough & Peter M. Bowers, Putnam, Aeronautical Books, London;

United States Navy Aircraft since 1911, Gordon Swanborough & Peter M. Bowers, Putnam, Aeronautical Books, London;

F-5 in action, Lou Drendel, Squadron/Signal Publications Inc., Carrollton.

Zeitschriften:

AirInternational, Air Power, Flight, Flug Revue, Flugzeug, Jet & Prop, The Hook

Danksagung

Bei der Erstellung der vorliegenden Publikation erhielt ich von vielen Seiten Hilfe. Neben den PR-Abteilungen der Firmen McDonnell Douglas, Northrop, General Electric und Hughes habe ich auch einer Reihe von Privatpersonen zu danken.

Wie so oft unterstützten mich auch diesmal die Herren Gerhard Lang, Helmut Gerresheim, Rainer Karras und Hans Holzer mit der Überlassung von Bildmaterial. Besonderer Dank gilt darüber hinaus Herrn Ralf Swoboda für die Erstellung der aussagekräftigen »Hornet«-Zeichnungen.

Ferner waren mir die US Navy, die NASA, das Deutsche Museum sowie die Streitkräfte Kanadas, Spaniens und Australiens mit der Bereitstellung von Bildmaterial behilflich. Auch hier möchte ich den verantwortlichen Damen und Herren herzlich danken.

So friedfertig wie im Dien-
ste der »Blue Angels« sieht
man die »Hornet« wohl am
liebsten.

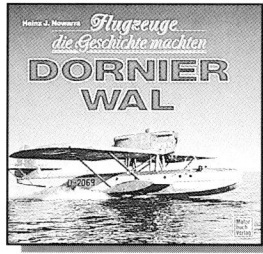